“一带一路”沿线国家经典诗歌文库
（第一辑）

主编　赵振江
副主编　蒋朗朗　宁琦　张陵　黄怒波

尼泊尔诗选

王子豪　编译

作家出版社

译者王子豪

王子豪

一九九〇年出生，辽宁人。

西藏民族大学外语学院尼泊尔语讲师。尼泊尔特里布万大学在读硕士。

二〇〇九年起，在中国传媒大学就读尼泊尔语本科，毕业后任教于西藏民族大学，从事尼泊尔语语言文学教学、翻译和中尼关系研究工作。

近年来出版译著《西藏故事丛书——林芝卷》《王子的秘使》（尼泊尔语译汉语）。主持或参加过国家级与省部级课题研究，多次在中尼边境地区村落进行田野调查，撰写相关调研报告与成果要报多篇，发表学术论文数篇。

目　录

总 序

二〇一三年秋，习近平主席先后提出建设“丝绸之路经济带”和“二十一世纪海上丝绸之路”（简称“一带一路”）的倡议。“一带一路”一经提出，便在国外引起强烈反响，受到沿线绝大多数国家的热烈欢迎。如今，它已经成了我们在政治、经济和文化生活中最具活力的词语。“一带一路”早已不是单纯的地理和经贸概念，而是沿线各国人民继往开来、求同存异、构建人类命运共同体的幸福路、光明路。正如一首题为《路的呼唤》[1]的歌中所唱的：

……
有一条路在呼唤
带着心穿越万水千山
千丝万缕一脉相传
就注定了你我相见的今天
这一条路在呼唤
每颗心都是远洋的船
梦早已把船舱装满
爱是我们共同的家园
……

习主席关于构建人类“政治互信、经济融合、文化包容的利益共同体、命运共同体和责任共同体”的主张是人心所向，众望所归。联合国将“构

1 《路的呼唤》：中央电视台特别节目《一带一路》主题曲，梁芒作词，孟文豪谱曲，韩磊演唱。

建人类命运共同体”写入大会决议，来自一百三十多个国家的约一千五百名贵宾出席二〇一七年五月十四日在北京举行的“一带一路”国际合作高峰论坛，就是最有力的证明。

在国与国之间，政治互信、经济融合、文化包容的基础在民心，而民心相通的前提是相互了解和信任。正是出于这样的理念，我们决定编选、翻译和出版这套“‘一带一路’沿线国家经典诗歌文库”，因为诗歌是“言志”和“抒情”最直接、最生动、最具活力的文学形式，诗歌最能反映大众心理、时代气息和社会风貌。“‘一带一路’沿线国家经典诗歌文库”是加强沿线各国人民之间相互了解和信任的桥梁。

“‘一带一路’沿线国家经典诗歌文库”的创意最初是由作家出版社前总编辑张陵和中国诗歌学会会长骆英在北京大学诗歌研究院院会提出的。他们的创意立即得到了谢冕院长和该院研究员们的一致赞同。但令人遗憾的是，在本校的研究员中只有在下一人是外语系（西班牙语）出身，因此，他们就不约而同地把这套书的主编安在了我的头上。殊不知在传统的“一带一路”沿线国家中，没有一个是讲西班牙语的。可人家说：“一带一路”是开放的，当年“海上丝绸之路”到了菲律宾，大帆船贸易不就是通过马尼拉到了墨西哥吗？再说，巴西、智利、阿根廷三国的总统不是都来参加“一带一路”国际合作高峰论坛了吗？怎么能说“一带一路”和西班牙语国家没关系呢？我无言以对。

古丝绸之路是指张骞（前一六四年至前一一四年）出使西域时开辟的东起长安，经中亚、西亚诸国，西到罗马的通商之路。二〇一三年九月七日，习近平主席在哈萨克斯坦纳扎尔巴耶夫大学演讲时，提出共建“丝绸之路经济带”的主张，赋予了这条通衢古道以全新的含义，使欧亚各国的经济联系更加紧密、相互合作更加深入、发展空间更加广阔，从而造福沿途各国人民。至于古老的“海上丝绸之路”，自秦汉时期开通以来，一直是沟通东西方经济和文化交流的重要渠道，尤其是东南亚地区，自古就是“海上丝绸之路”的重要枢纽。习主席建设“二十一世纪海上丝绸之路”的构想使其在新的历史起点上，有了更加重要而又深远的意义。

“一带一路”沿线国家主要包括西亚十八国（伊朗、伊拉克、格鲁吉亚、亚美尼亚、阿塞拜疆、土耳其、叙利亚、约旦、以色列、巴勒斯坦、沙特阿拉伯、巴林、卡塔尔、也门、阿曼、阿拉伯联合酋长国、科威特、黎巴嫩），中亚五国（哈萨克斯坦、土库曼斯坦、吉尔吉斯斯坦、乌兹别克斯坦、塔吉克斯坦），南亚八国（尼泊尔、不丹、印度、巴基斯坦、孟加拉国、斯里兰卡、马尔代夫、阿富汗），东南亚十一国（印度尼西亚、马来西亚、菲律宾、新加坡、泰国、文莱、越南、老挝、缅甸、柬埔寨、东帝汶），中东欧十六国（阿尔巴尼亚、波斯尼亚和黑塞哥维那、保加利亚、克罗地亚、捷克、爱沙尼亚、匈牙利、拉脱维亚、立陶宛、马其顿、黑山、罗马尼亚、波兰、塞尔维亚、斯洛伐克、斯洛文尼亚）。独联体四国（俄罗斯、白俄罗斯、乌克兰、摩尔多瓦），再加上蒙古和埃及等。

从上述名单中不难看出，“一带一路”沿线国家多为文明古国，在历史上创造了形态不同、风格各异的灿烂文化，是人类文明宝库重要的组成部分。诗歌是文学的桂冠，是文学之魂。文明古国大都有其丰厚的诗歌资源，尤其是经典诗歌，凝聚着国家和民族的精神和理想。各国之间的文化交流与经贸往来，既相互交融又相互促进，可以深化区域合作，实现共同发展，使优秀文化共享成为相关国家互利共赢的有力支撑，从而为实现习主席构建人类命运共同体的伟大目标打下坚实的文化基础。

“一带一路”沿线国家多是发展中国家。长期以来，我们一直比较重视对欧美发达国家诗歌的译介，在“经济一体、文化多元”的今天，正好利用这难得的契机，将这些“被边缘化”国家的传统文化和民族精神纳入“一带一路”的建设，充分发掘它们深厚的文化底蕴，让它们的古老文明在当代世界发挥积极作用，使“文库”成为具有亲和力和感召力的文化桥梁。

“一带一路”沿线国家又多是中小国家。它们的语言多是非通用的“小语种”，我国在这方面的人才储备相对稀缺，学科建设相对薄弱；长期以来，对这些国家的文学作品缺乏系统性的译介和研究。从这个意义上说，“文库”的出版具有填补空白的性质，不仅能使我们了解这些国家的诗歌，也使相关的学科建设和学术研究有了新的生长点。

“‘一带一路’沿线国家经典诗歌文库”的现实意义和深远影响已经很清楚了，但同样清楚的是其编选和翻译的难度。其难点有三：一是规模庞大，每个国家一卷，也要六十多卷，有的国家，如俄罗斯、印度，还不止一卷；二是情况不明，对其中某些国家的诗歌不是一无所知也是知之甚少，国内几乎从未译介过，如尼泊尔、文莱、斯里兰卡等国；三是语言繁多，有些只能借助英语或其他通用语言。然而困难再多，编委会也不能降低标准：一是尽可能从原文直接翻译，二是力争完整地呈现一个国家或地区整体的诗歌面貌。

总之，“文库”的规模是宏大的，任务是艰巨的，标准是严格的。如何完成？有信心吗？答案是肯定的。信心从何而来呢？我们有译者队伍和编辑力量做保证。

“‘一带一路’沿线国家经典诗歌文库”的编译出版由北京大学外国语学院和作家出版社联袂承担，可谓珠联璧合，阵容强大。

北京大学外国语学院是国内外国语言文学界人才荟萃之地，文学翻译和研究的传统源远流长。北大外院的前身可以追溯到京师同文馆（一八六二年）和京师大学堂（一八九八年）。一九一九年北京大学废门改系，在十三个系中，外国文学系有三个，即英国文学系、法国文学系、德国文学系。一九二〇年，俄国文学系成立。一九二四年，北京大学又设东方文学系（其实只有日文专业）。新中国成立后，东语系发展迅速，教师和学生人数都有大幅度增长。一九四九年六月，南京东方语言专科学校和中央大学边政学系的教师并入东语系。到一九五二年京津高校院系调整前，东语系已有十二个招生语种、五十名教师、大约五百名在校学生，成为北大最大的系。

一九五二年院系调整时，重新组建西方语言文学系、俄罗斯语言文学系和东方语言文学系。其中西方语言文学系包括英、德、法三个语种，共有教师九十五人，分别来自北大、清华、燕大、辅仁、师大等高校（一九六〇年又增设西班牙语专业）；俄罗斯语言文学系共有教师二十二人，分别来自北大、清华、燕大等高校；东方语言文学系则将原有的西藏语、维吾尔语、西南少数民族语文调整到中央民族学院，保留蒙古、朝鲜、日、越南、暹罗、印尼、缅甸、印地、阿拉伯等语言，共有教师四十二人。

北京大学外国语学院于一九九九年六月由英语系、西语系、俄语系和东语系组建而成，下设十五个系所，包括英语、俄语、法语、德语、西班牙语、葡萄牙语、日语、阿拉伯语、蒙古语、朝鲜语、越南语、泰国语、缅甸语、印尼语、菲律宾语、印地语、梵巴语、乌尔都语、波斯语、希伯来语等二十个招生语种。除招生语种外，学院还拥有近四十种用于教学和研究的语言资源，如意大利语、马来语、孟加拉语、土耳其语、豪萨语、斯瓦希里语、伊博语、阿姆哈拉语、乌克兰语、亚美尼亚语、格鲁吉亚语、阿塞拜疆语等现代语言，拉丁语、阿卡德语、阿拉米语、古冰岛语、古叙利亚语、圣经希伯来语、中古波斯语（巴列维语）、苏美尔语、赫梯语、吐火罗语、于阗语、古俄语等古代语言，藏语、蒙语、满语等少数民族及跨境语言。学院设有一个一级学科博士点、十个二级学科博士点和一个博士后流动站，为北京市唯一外国语言文学重点一级学科。学院师资力量雄厚：全院共有教师二百一十二名，其中教授六十名、副教授八十九名、助理教授十六名、讲师四十七名，拥有博士学位的教师一百六十三人，占教师总数的百分之七十七。

从以上的介绍不难看出，北京大学外国语学院的语言教学和科研涵盖了“一带一路”的大部分国家，拥有一批卓有成就的资深翻译家和崭露头角的青年才俊，能胜任“文库”的大部分翻译工作。至于一些北大没有的“小语种”国家，如某些中东欧国家，我们邀请了高兴（罗马尼亚语）、陈九瑛（保加利亚语）、林洪亮（波兰语）、冯植生（匈牙利语）、郑恩波（阿尔巴尼亚语）等多名社科院外文所和兄弟院校的专家承担了相应的翻译工作，在此谨对他们表示诚挚的敬意和衷心的感谢。

有好的翻译，还要有好的编辑。承担“‘一带一路’沿线国家经典诗歌文库”编辑出版任务的作家出版社是国家级大型文学出版社，建社六十多年来出版了大量高品质的文学作品，积累了宝贵的资源和丰富的经验。尤其要指出的是，社领导对“文库”高度重视，总编辑黄宾堂、前总编辑张陵、资深编审张懿翎自始至终亲自参与了所有关于“文库”的工作会议，和北大诗歌研究院、北大外国语学院的领导一起，精心策划，全力以赴，保证了“文库”顺利面世。

最后还要说明的是，“‘一带一路’沿线国家经典诗歌文库”得到了北大校领导的大力支持。“文库”第一批图书的出版恰逢北京大学建校一百二十周年（一八九八年至二〇一八年），编委会提出将这套图书作为对校庆的献礼。校领导欣然接受了编委会的建议，并在各方面给予了大力支持，校党委宣传部部长蒋朗朗同志从始至终参与了“文库”的策划和领导工作。至于北京大学外国语学院的领导更是责无旁贷地承担了全部翻译工作的设计、组织和落实。没有他们无私忘我、认真负责的担当，完成这样艰巨的任务是不可能的。

“‘一带一路’沿线国家经典诗歌文库”第一批诗作即将出版，这只是第一步，更艰巨的工作还在后头；更何况随着时间的推移，“一带一路”的外延会进一步扩展，“文库”的工作量和难度也会越来越大。但无论如何，有了这样的积累，我们完全有理由相信，“‘一带一路’沿线国家经典诗歌文库”会越来越好。为了实现这样的目标，我们期待着领导、业内同仁和广大读者的批评指教。

赵振江

二〇一七年秋

于北京大学蓝旗营寓所

前　言

尼泊尔诗歌的发展

有考证的尼泊尔语诗歌起步较晚，苏巴南德·达思在一七六九年前后创作的《普里特维·纳拉扬》被认为是有文字记载的最早使用尼泊尔语创作的诗歌。尼泊尔诗歌的发展大致分为三个时期：早期诗歌（一七六九年至一八八三年）、中期诗歌（一八八四年至一九一七年）与现代诗歌（一九一八年至今）。尼泊尔现代诗歌始于一九一八年，这一时期也被称为尼泊尔诗歌发展的“黄金时期”，历经了古典主义、浪漫与进步主义、实验主义和当代四个阶段，出现了一批具有时代特色的诗人与诗作。本诗集收录的诗歌也主要聚焦于这一时期的优秀作品。

诗歌是二十世纪尼泊尔文学中体量最为丰富，也是尼泊尔文人志士最为热衷的文学体裁之一。尽管小说与戏剧也很受欢迎，但诗歌创作几乎是每位尼泊尔文人必备的技能。莱卡纳特·鲍德尔、拉克希米·普拉萨德·德夫柯塔与巴拉克里希纳·萨玛无疑是现代尼泊尔诗歌的奠基人物。这三位诗人之所以获得如此高的评价，不仅因为他们的作品足够优秀，更是因为他们对推进尼泊尔文学的发展和尼泊尔社会的进步做出了巨大的贡献。莱卡纳特·鲍德尔是第一位现代尼泊尔诗人，是尼泊尔古典主义格律诗歌的代表人物，也是一位将尼泊尔语格律发挥到极致的诗人。他对文学最大的贡献被认为是对尼泊尔语进行了纯化、浓缩与精炼。巴拉克里希纳·萨玛被认为是尼泊尔的“莎士比亚”，是一位汇集东西方文学精髓的剧作家和诗人。他在创作初期是莱卡纳特·鲍德尔的追随者，后来因致力于反抗拉纳家族对尼泊尔的独裁统治，其诗歌风格也逐渐脱离传统的束缚。萨玛的诗歌同他的戏剧作品一样，吸收融汇了东西方文学的精华，为当时的尼泊尔文学增添了新的色彩。相比于鲍德尔和萨玛的相对沉稳的诗风，作为浪漫与进步主义代表的拉克希米·普拉萨德·德夫柯塔则为尼泊尔诗歌带来了一种全新的基调。他曾尝试在长篇叙事诗中使用民俗韵律，创作了伟大的史诗和一些令人动容的自由诗。德夫柯塔不仅是诗人，还是剧作家、小说家、评论家和翻译家，被认为是尼泊尔最多才、最伟大的文学巨匠。尼泊尔文学评论家鲁宾曾这样评价他：“他的出现就像是天上的流星，他以一种爆炸的形式到来，将尼泊尔诗歌文学推向完全的成熟。”

二十世纪四十至五十年代的尼泊尔诗人受上述三位伟大诗人的影响较深，在他们的作品中也能够显现出这种追随的痕迹。这一时期最为杰出的诗人当数戈帕尔·普拉萨德·里马尔。里马尔被认为是尼泊尔第一位“革命”诗人，他的诗歌常常大胆地探讨社会与政治问题，对同时期的年轻诗人产生了较大的影响。一九五一年，尼泊尔发生了推翻拉纳家族的政治革命，国王重新掌握了政权，这一政治变动为尼泊尔带来了更大的自由氛围，全民教育得到了大力的推广，国民识字能力也得到了巨大的提升，这一阶段出版了大量此前被搁置的文学作品。

到了二十世纪六十年代，尼泊尔的诗歌风格发生了较大变化，这是尼泊尔社会尤其是知识界发生了重大变化的结果。一九六〇年，马亨德拉国王解散议会，取缔政党，同时推出无党派评议会制度，将国家大权集中在自己手上。这一时期的政治活动与人民的言论自由受到王权的严重限制，文人志士在文学创作过程中也开始使用较为抽象的文字与隐晦的表达方式对这一时期的社会现象进行抨击，拉开了实验主义诗歌的帷幕。这一时期涌现出的最著名的诗人当数实验主义诗歌的代表莫汉·柯伊拉腊，他被认为是自德夫柯塔以来尼泊尔文学界出现的最重要的诗人，他的诗歌内容与形式较为丰富，且不断尝试新的风格，追求内容与形式的变化，并非常善于使用抽象的文字与意象。二十世纪六十年代的诗歌充满了晦涩的神话典故以及对社会的悲观情绪，女诗人芭妮拉·吉里与帕里加塔的诗歌能够充分地反映这一时代特点，少数民族诗人普皮·谢尔禅的诗歌则充满了幽默与讽刺。

到了七十年代，尼泊尔诗歌逐渐摒弃了早期的朦胧与晦涩，用更为直接的语言来表达社会诉求和政治问题。这也正是德夫柯塔所向往的，他曾写道：“我们的社会和政治环境要求我们在精神与风格上做出改变，我们必须与时代对话。政客和煽动家们用了错误的方式——通过机械的扬声器，而我们的声音应该是从敏锐的心灵发出的平静而柔和的声音……如果我们读过民众内心深处的想法，就能让他们来读懂我们。”到了九十年代，各种关于公共安全、国家统一、政党政治活动和王室诽谤的法律限制再次让作家们变得谨慎起来。与此同时，作家被拘留，报纸和期刊被禁，编辑被罚款等情况也变得越来越频繁。紧接着是尼泊尔的十年内战，这期间的作品内容主要围绕着革命展开，风格以激昂的基调为主。在二〇〇六年贾南德拉国王被推翻，尼泊尔废除君主立宪制后，诗歌与诗人又重新获得了自由。

尼泊尔诗人与诗歌创作

在过去，对于一个尼泊尔作家来说，仅靠文学作品谋生几乎是不可能的。因此，几乎所有诗人都在其他领域工作以维持生计。如莱卡纳特·鲍德尔曾长期受雇于拉纳家族成员比姆·沙姆谢尔，担任其家庭梵语教师；德夫柯塔则通过私教工作和偶尔在政府机构任职来维持他的家庭开销；芭妮拉·吉里在大学教书。此外，还有诗人参与不同文学期刊的编辑，或在与文学相关的政府组织机构中工作。如今年轻诗人们的生活条件已大为改善，也有越来越多的文学爱好者活跃在“文学作家协会”“创造文学社”等大大小小的文学组织中，为推进尼泊尔诗歌的发展做出自己的时代贡献。值得注意的是，即便现在生活条件相比过去已经有了较大改善，知识分子受到越来越多的重视，国家层面也给予了文学创作者更多的支持，但尼泊尔文人志士做私教、兼职的现象仍旧比较常见，这或许与过去尼泊尔诗人这种多面谋生的传统有一定的关系，又或许是一种文学传承的信仰使然。

为表彰诗人在创作上的成就，尼泊尔的一些文学机构也设有相应的年度奖项。尼泊尔皇家学院[1]设置的“特里布万国王奖”是其中含金量较高的奖项，其奖金相当于普通技工两到三年的工资。尼泊尔皇家学院是尼泊尔最重要的推广国家文学文化的机构，成立于一九五七年，为著名作家和学者提供为期五年的带薪会员资格。学院成员因此能够在无需担心生计的

1 二〇〇六年，贾南德拉国王被推翻后，尼泊尔的政体由君主立宪制变更为民主共和制，尼泊尔皇家学院（Nepal Royal Academy）也改名为尼泊尔文学院（Nepal Academy），是致力于推广语言、文学、文化、哲学和社会科学的尼泊尔国家机构。

状态下全身心地投入到创作和学术工作中。学院同时也是一个重要的出版和翻译机构，尼泊尔很多著名的诗歌选集和译本就是在学院的资助下出版的。另一个重要的文学机构是马丹荣誉公社[1]，其成立于一九五五年，总部设在帕坦市。公社拥有尼泊尔最大的图书馆，出版过文学期刊《尼泊尔文学》，并向尼泊尔年度最佳文学书籍和非文学书籍颁发两项年度奖"马丹文学奖"，这个奖项是尼泊尔小说家、戏剧家和诗人等所有文学工作者心中的标杆，是尼泊尔国内目前地位最高的文学奖项，奖金最初设置为四千卢比，现已升至四十万卢比。此外，设置文学奖项的还有联合出版社，这是尼泊尔最大的商业出版社，它于一九六四年承担了尼泊尔语出版物委员会的出版任务，并于一九六七年设立了年度文学奖"联合文学奖"。此外，在印度，也有像大吉岭的尼泊尔文学协会和西孟加拉邦政府的尼泊尔文学院这样的机构，出版著名的期刊并颁发年度文学奖。尽管官方对尼泊尔出版和文学事业的支持仍旧有限，但尼泊尔语文学依旧是充满活力的。

在前几个世纪，诗歌创作被认为是一种兼顾学术与宗教的行为，与经文典籍的学习关系密切。因此，诗歌创作几乎是婆罗门男性的专属领地。然而，今天的尼泊尔诗人们则没有了这层世俗的禁锢。本部诗集选取的诗歌中，不仅有来自高种姓婆罗门的，还有来自塔库里和达曼等少数民族诗人的作品。虽然在尼泊尔文学界，男性仍占据主要地位，但女性的力量也在逐渐增大，本部诗集也收录了女性诗人的声音。

几乎每一个受过教育的尼泊尔人都会在人生的某阶段写过一些诗歌。甚至尼泊尔王室成员也发表过诗歌，如马亨德拉国王就曾写过一些浪漫主义的诗歌，女王禅达妮·沙阿也发表过一些诗集。在当今尼泊尔的校园内，诗歌创作与吟唱仍旧是非常受欢迎的一种文学交流方式。在尼泊尔的特里布万大学，写诗、唱诗甚至成了尼泊尔语系学生必备的专业技能，大家也

1 马丹荣誉公社（Madan Puraskar Guthi），后更名为马丹荣誉书院（Madan Puraskar Pustakalaya），是书籍、期刊的主要档案馆，也收藏了其他许多尼泊尔语资料。自成立以来，一直致力于尼泊尔语出版物的收集和归档工作。书院的常规工作是利用缩微摄影和数字化技术对专著和期刊进行编目，保存稀有和濒危材料，为研究人员或学者收集、保存、编目与传播资料信息。这座书院还负责颁发尼泊尔最负盛名的文学奖项——马丹文学奖。

经常会举办诗词大会切磋技艺。在重大事件发生时，尼泊尔人常常借助诗歌倾诉情感。二〇二〇年上半年，在新型冠状病毒肆虐全球时期，旅居海外的尼泊尔文人志士们创作了大量的诗歌，并上传到社交媒体上与国内的亲友分享自己的思想和情感。

尼泊尔诗歌的特征

尼泊尔语属印欧语系印度伊朗语族，使用天城体书写，文字词源主要来自梵语。早期使用尼泊尔语创作的诗歌受经典梵语诗学影响较大，诗人在诗歌创作过程中大量使用梵语词汇，极致地追求语言文字表达的艺术性与语法的规则性。在十九世纪后期，几乎所有的尼泊尔诗歌都符合梵语诗学韵律的要求，诗人在创作过程中追求使用“味”[1]的范式。“味”是梵语诗学中的文艺理论，即任何视觉、文学或音乐作品的美感，它指的是作者在作品中注入情感的味道与精华，进而唤起读者或观众的情感共鸣，但其本身又无法描述。“味”对诗歌的主题与结构有着较为严格的约束，对于“味”的使用程度也是早期尼泊尔诗歌评价的重要依据。

古典梵语的韵律，多源自于印度古代的吠陀[2]，对格式的要求非常严格。能够创作这种古典的格律诗是当时社会中博学的高种姓阶层的专利。而现代尼泊尔诗人认为这些规则和惯例束缚了诗歌创作，过于看重诗歌主题和结构，是一种精英主义的体现，且已经过时。现代尼泊尔诗人已不再唯韵律是论，他们创作了大量的非格律散文诗，即自由体诗。随着尼泊尔现代诗歌的发展，传统格律的重要性正在逐渐下降，诗歌语言也随着时代的变迁而发生着变化，古典范式中所用的高级且神秘的梵语词汇在尼泊尔诗歌的创作中也已逐渐隐退。即便如此，是否能够以古典方式写诗一直是评判诗人“内功”的重要指标。萨玛在他后期的一些诗歌中也使用了吠陀

1 味：Rasa，源自于梵语，字面意思是“果汁、香精或味道”。这个词最早出现在《梨俱吠陀》中，解释为“水”“苏摩汁”“牛奶”与“风味”等含义。“味”作为文艺批评理论最早出现在梵语戏剧学家婆罗多的《舞论》中。

2 吠陀：意为明、知识，是印度最古老的文献材料和文体形式，是印度宗教、哲学及文学之基础。其主要文体是赞美诗、祈祷文和咒语，是印度人世代口口相传、长年累月结集而成的。

韵律，德夫柯塔在史诗《沙恭达罗》（尼泊尔语版）中使用了至少二十种不同的韵律，将他精湛的格律技艺展现得淋漓尽致。

总的来看，梵语诗学的格律影响在尼泊尔语诗歌中仍旧存在，但随着新生代诗人与新思潮的涌现，格律已不再是评价诗歌的硬性标准了。

莱卡纳特·鲍德尔

（一八八五年至一九六六年）

出生在尼泊尔西部卡斯基县的一个小村庄，是第一位现代尼泊尔诗人，被认为是二十世纪尼泊尔现代诗歌文学的奠基人。从字面上看，他的名字包含着“写作”和“神明”，连起来便是“写作之神”。鲍德尔是尼泊尔古典主义诗歌的代表人物，推崇使用古老的梵文诗学风格，诗风偏向古典且正式。在他的诗歌里也经常提及当代社会和政治问题。

鲍德尔在家里接受了基础教育，大约在十五岁时来到加德满都开始学习梵文，随后前往印度圣城瓦拉纳西继续学习梵语文学。在印度期间，他的妻子去世了，当时他身无分文，几年间都在印度找工作。那段时间，他在学术上几乎没有取得什么成就。一九〇九年，他回到了加德满都，受聘为拉纳家族的重要成员比姆·沙姆谢尔的家庭教师，并在这个职位上度过了二十五年。

《笼中的鹦鹉》是他最受欢迎及流传度最广的诗歌之一。诗歌中的“鹦鹉”通常被解释为灵魂被困在身体里的状态，这是印度教虔诚诗的常见主题。但从另一方面看，“鹦鹉”实际上指的是诗人本人，诗人将自己受雇于比姆・沙姆谢尔的命运比作为鹦鹉的牢笼。这首诗在尼泊尔非常有名，因为它是批评拉纳家族统治者的最早文字之一。

一九五一年，尼泊尔国王特里布万授予他“桂冠诗人”称号，值得一提的是，在他之后还没有其他诗人获得过类似的荣誉。一九五五年，在他七十岁生日那天，这位老诗人坐在一辆礼仪马车里，被当时的名诗人和民众簇拥着，在加德满都街头游行。一九五七年，他被授予新成立的尼泊尔皇家学院的会员资格。一九六九年，被追授了著名的“特里布万国王奖”。

笼中的鹦鹉

一只可怜的鹦鹉，
一个重生的孩子，
被命运锁入铁笼，
至高的湿婆神[1]啊！
即便在我的梦中，
也没有一丝平静。

我的父母和亲人，
正在远处的森林，
我该去向谁倾吐，
这牢笼里的苦楚。

有时我会掩面抽泣，
有时我会目瞪神呆，
有时我会发疯跳起，
追忆着林间的欢愉。

我曾在林中欢快地翱翔，
享受着每日新鲜的野果，
如今却被命运锁进铁笼；
神啊，
命运太怪了！

1 湿婆神：印度教三大主神之一，被认为是毁灭之神，是印度教教徒最为敬畏的神之一。尼泊尔人有八成以上是印度教教徒，其中湿婆派教徒最多。

周围布满敌人，
我已无可依赖，
我能做什么呢？
怎样才可逃离？
向谁倾吐心声？
我曾尝试冲破牢笼，
嘴角已被磨碎，
翅膀已被绷紧，
爪子已被紧锁，
顽童取我为乐，
命运变化无常，
我将何去何从？

这一切从何而来，
又为何如此？
没有人能够理解，
我每日食不果腹，
生命浸透着悲哀，
我瞥见空荡的碟，
里面没有一滴水，
我变得口干舌燥，
喉咙也逐渐嘶哑，
但相比这牢笼的束缚，
说话才是真正的折磨，
我若拒绝张口，
等待我的将是挥舞的藤条。

一个人说：
“看，它就是只鹦鹉！”
第二个人说：

“看，它不想说话！”
第三个人希望我能叫出神的名字：
“罗摩神[1]！说，说，说那个名字！”

人，与一切美好为敌，
他们吸干美的内心，
直到无力喘息，
他们才会满意。

只要这世上还有人类，
哪怕这世上只有一人，
也不要赐予鹦鹉生命，
神啊，
请倾听我的诉求！

1 罗摩神：印度史诗《罗摩衍那》的主人公，史诗中的英雄人物。在印度教中，罗摩被认为是大神毗湿奴的第七个化身。

真 言

一

腐木是明亮的，
陋棚是明亮的，
暗中的洞穴更是明亮的。
乞讨是明亮的，
负重是明亮的，
林中的荨麻更是明亮的。
破布是明亮的，
碎衣是明亮的，
如若心无邪念，
所得的一切都是明亮的。

二

曼达吉尼河[1]的水是黑暗的，
大海中的珍珠是黑暗的，
天空中的闪电是黑暗的，
深秋的皓月也是黑暗的。
卡拉斯神山[2]是黑暗的，
白日的光芒是黑暗的，

1 曼达吉尼河（Mandakini）：位于印度北部阿坎德邦，最终流入恒河，被认为是神圣的源泉。

2 卡拉斯神山：冈仁波齐神山，位于我国西藏阿里地区。传说是印度教大神“湿婆”修行的地方，在南亚印度教信徒心中具有极高的地位。

如若心存邪念，
世间万物都是黑暗的。

三

成年的雄象是轻快的，
深海的鲸鱼是轻快的，
轰鸣的火车是轻快的，
海上的巨轮是轻快的，
绵延的山脉是轻快的，
广袤的大地是轻快的，
如若心无所欲，
世间万物皆是轻快的。

四

父母的誓言是罪过的，
尊者的训诫是罪过的，
朋友的真言是罪过的，
亲族的行为是罪过的。

妻子的爱意是罪过的，
甘甜的吠陀是罪过的，
如若万物皆有罪，
那么自身也是罪过的。

五

与尊者对话时，

双手合十[1]，
敞开胸怀，
用心言说；
与弱者对话时，
一视同仁，
察其苦楚，
温柔以待。
如若及此，
不必禁食，
无需打坐，
便可触及神灵。

1 双手合十：南亚地区普遍使用的表示友好和尊敬的手势语。一般来说，双手合十的位置体现了对对方的尊重程度：双手合十于胸前，表示尊重对方；双手合十过头顶，则表示非常尊敬。

德赛节[1]

泥土与灰尘都已经离去，
漫长的雨季不见了踪影，
对女神的供奉也已完满，
万物都沐浴在欢喜之中。

无处不在说，
无人不在说：
“德赛来了！德赛来了！”
幸福的言语中，
一切烦恼都被忘记。

老人孩子们，
无人不在说，
“德赛节真好哇！
在所有的节日里，
德赛是最好的！”

人们荡起秋千[2]，
无人不在欢喜，
每个欢喜的人，
脸上都泛着光明。

---

1 德赛节：尼泊尔最大的节日，也是尼泊尔人家族团圆的节日。其间政府放假、商店关门，所有人都在家中与亲人团聚，一般持续庆祝十至十五天。德赛源自于尼泊尔语数字“十”，意味着罗摩得到杜尔迦女神的帮助，于第十天战胜了恶魔罗刹，因此德赛节也被认为是正义战胜邪恶的节日。

2 德赛节有荡秋千的传统，据说荡秋千使得自己身体离开地面便会获得神的祝福。

喜马拉雅

一条洁白的丝巾，
从头顶垂向脚下。
嵌满珍珠的冰瀑，
闪烁在她的胸前。
一阵阵细雨，
一朵朵云团，
萦绕在她的腰间。
震撼的，
宁静的，
明亮的，
我们神圣的喜马拉雅！

在陡峭的山坡上，
牛儿悠闲地吃着青草，
麝鹿挥洒着它的香气。
每日清晨她会第一个被叫醒，
迎接来自太阳的第一次拥抱。
命运的梁柱，
深沉而静谧地伫立着，
我们神圣的喜马拉雅！

她顶着狂风的侵袭，
她忍着暴雨的冲击，
在她的头顶上，
是太阳灼烧的烈火，
千百年间，

她守护着众生，
当下，
她微笑着伫立着，
如一位彻悟的苦行者，
我们神圣的喜马拉雅！

她是恒河的出生地，
她是湿婆的修行场，
她是雪山神女[1]的宫殿，
黑暗永远无法进入，
这静谧仙灵的圆柱，
我们神圣的喜马拉雅！

她养育着矿藏，
满是珍宝。
她给予了源泉，
甜如甘露。
人们说，
她里面还住着阿拉卡城[2]，
那是亚克沙王国的都城；
攀至峰顶，
心里满是天国的思绪，
光明与财富，
我们神圣的喜马拉雅！

1 雪山神女：帕尔瓦蒂，是印度教大神湿婆的妻子，掌管生育、爱、美、婚姻、孩子和奉献。她是印度教的母神，有许多不同的化身，每个化身有不同的名字。

2 阿拉卡城（Alaka）：印度教传说中一座神秘的城市，这里居住着亚克沙（Yakshas）的国王，被称为财富之王的库拜拉（Kubera）。

追忆女神萨尔索蒂[1]

她弹奏着鲁特琴[2]，
柔软的灵魂在指尖游走，
拨出千万支甜美的旋律，
她坐在盛开的莲花中心。
也许我一生也不会忘记，
女神萨尔索蒂。

她戴着一条水晶项链，
透彻的晶体，
精致的塑形，
它是世界艺术的精华，
我的心被她的光明填满。
也许我一生也不会忘记，
女神萨尔索蒂。

她掌管着记忆的书卷，
记录一切见闻与感受，
完满地注入，
未曾有遗漏。
也许我一生也不会忘记，
女神萨尔索蒂。

---

1 萨尔索蒂（Saraswati）：印度教中象征着知识、音乐、艺术、智慧的女神，因其多智善辩，也被称为辩才天女。

2 鲁特琴：也称琉特琴。辩才天女有多种身相，一般为白色，一面二臂，手持类似琵琶之乐器，上有千条琴弦。

她骑着一只天鹅，
它魔幻般地疾驰，
潜入到我们心底的湖泊，
她带给整个世界欢愉与荣耀。
也许我一生也不会忘记，
女神萨尔索蒂。

“当你尝试着去感受，
我艺术的生活里弥漫着的甜美，
你的恐惧与无知定会随之散尽。”
也许我一生也不会忘记，
女神萨尔索蒂。

死神颂歌

他不知怜悯、原谅与爱，
他不做承诺，不犯错误，
他从不满足，
即便因陀罗[1]叩拜在他的脚下，
他也毫不在意。
他没有喜好，从不挑剔，
但却翻阅着我们所有人的记录。

他从不失手，
在他面前，
国王与乞丐无异，
他将他们拾起夺去，
他从不拖延，
直到填饱肚子。
对他来说，
世间的药物毫无威胁，
他如一名永恒的猎者，
没人看见过他的行踪。

他在池子中沐浴，
那里注满了泪水，
他厌恶冰冷的水，
他用干枯的骨骼，

---

1 在吠陀中，因陀罗是天界之王，是掌管雷电、风暴、雨水、河流和战争的神，以力量而闻名。

搭建温暖的床铺，
他身着死灰，
别无他物，
他吟诵着悲歌，
别无他律。
一切都被囫囵吞下，
饥饿让他无暇咀嚼，
一切又被倾尽吐出，
没有食物曾被消化，
千年如是，
死神的饥饿，
从未被饱足。

最后的诗

神忍受着痛，
这个身子就是他的住所，
当身子倒下时，
他十分悲痛，
然后，
他安静地拾起他的东西，
离开了。

拉克希米·普拉萨德·德夫柯塔

（一九〇九年至一九五九年）

诗人、剧作家、小说家、评论家、翻译家。他被认为是尼泊尔最多才、最伟大的文学巨匠，在尼泊尔文学中被尊称为“伟大的诗人”，也被称为“金心诗人”。

一九〇九年十一月十二日，德夫柯塔出生当天正赶上祭拜女神拉克希米，于是家人将拉克希米女神的名字给予了他。德夫柯塔的父亲提拉·马塔夫是一位梵文学者，也是德夫柯塔的启蒙老师。德夫柯塔在尼泊尔特里昌德学院攻读了文学学士和法学学士学位，并以私人考生的身份从巴特那大学毕业。但由于家里的经济状况，他一直没有实现读硕士的愿望。他曾在尼泊尔出版审查委员会工作，在那里，他遇到了著名剧作家巴拉克里希纳·萨玛。

二十世纪三十年代末，在他的母亲、父亲和两个月大的女儿相继去世后，德夫柯塔出现了精神崩溃。一九三九年，他被送进印度兰契的精神病院住了五个月。在一九五一年拉纳家族被推翻后，他于一九五七年被任命为尼泊尔教育部部长。德夫柯塔一生都在不停地抽烟，经过与癌症的长期斗争，他于一九五九年九月十四日去世，在加德满都帕舒帕提那特寺庙[1]的巴格马蒂河岸完成了生命最后的仪式。

德夫柯塔最著名的作品当数叙事诗《穆娜与马丹》，这部作品在尼泊尔无人不晓，且已被翻译成多国语言，这部作品的中译本也是目前中国国内出版的唯一的一部尼泊尔文学译作。

1 帕舒帕提那特寺庙是尼泊尔最大的湿婆神庙，是尼泊尔的印度教教徒认为最神圣的朝拜地，这里有一条巴格马蒂河，河岸边有成排的台子，供印度教教徒焚烧尸体，与印度教的恒河烧尸的宗教含义相近。

乞讨者

一

瞧，
他挪着双脚，
朝这儿踱来，
抬起头颅，
撑起双眼，
伴随着痛苦的沉寂，
他拉起了希望之弦，
一丝阳光透过庭院，
一滴眼泪坠落下来，
它承载了他的一生。

二

瞧，
他一身的破布碎衣，
是时间残留的印痕，
是生活留下的残喘，
他无助地晃动着，
他绝望地颤抖着，
展开那磨损的布袋。

三

瞧，
他头上堆着寒霜，
是岁月留下的白。
看，
那泪水流过的渠，
镌刻在他的脸颊。
岁月蚀刻在胸前，
那是生命的裂痕。

四

瞧，
他停了下来，
伴着一阵残喘，
一曲挽歌从天而降，
他痛苦与破碎的心，
已撑不起生命之重，
伴着清脆的撕裂声，
“一勺米”。
紧接着，
又是一声断裂，
“一勺米”。

五

一个男人，
站在他人面前，

内心泣不成声，
向他的兄弟们乞讨，
为了这一勺的怜悯，
明亮的庭院中，
藏着一对深黯的眸子，
玫瑰的笑声中，
躲着一根蕨茎的眼泪。

六

他是谁呢？
又会是谁的孩子呢？
谁的父亲如此贫困？
哪位母亲怀抱胸前？
那是两盏长明灯吗？
他的双眼为何而开？
向着日和月，
为什么要让他黯淡？
为什么要让他枯萎？
这来自生命的光芒，
为什么要让他模糊？

七

乞讨者迟缓地，
挪到佛祖面前，
不变的伫立，
同样的言语，
他倾诉着内心的苦楚，
将其注入仁慈的大海，

神圣的跨越，
战胜了伯利的傲慢[1]。

八

从黑云中坠下，
落入无底的深渊，
他是神还是乞讨者？
佛祖说，
言语刺穿了内心，
游走于庭院之间，
挣扎的声音，
带着无尽的慈悲。

九

岁月无尽的泪水，
不舍昼夜地蒸发，
神，
努力地张开下唇，
带着痛苦的声音，
来到地面，
向人们祈求施舍。
神，
你就是庭院里的乞讨者吗？

---

1 伯利王是印度神话中波罗诃罗陀的孙子，统领三界。这里指的是毗湿奴的化身侏儒用三步跨越了三界，并将三界从伯利王手中夺回的故事，即《梨俱吠陀》中记载：“他曾经度量了大地和天空……跨步三次，所达之处，遥不可及。”

旅　者

旅者，
你要去哪一座神庙？
是哪一座呢？
你要带着什么祭品？
你要怎样过去朝拜？

你骑在人们的肩膀上，
要去哪位神灵的庙宇？
骨骼如同神庙的柱子，
皮肉如同神庙的墙垣，
大脑如同神庙的金顶，
感官如同神庙的大门，
血脉如同庙前的河流，
神庙无边无际。

旅者，
你要去哪一座神庙？
是哪一座呢？
内心如同华丽的王座，
正中坐着万能的神明，
意识如同闪烁的光芒，
是神明头顶上的王冠，
身体这座精美的寺庙，
遍及人间世间。

神明在内，

双眸在外。
你在追寻哪座神庙？
神明就在内心深处，
你要走多远去寻觅？

还在找吗？
请带上你的心，
点亮心的灯火，
朋友，
请到路上来吧！
神会与你同行。

神会亲吻行善者的双手，
神会抚摸奉献者的头顶。
神会在路边歌唱，
伴着鸟儿的旋律。
他在歌声中讲述，
人的遭遇与疾苦。

远足朝拜，
一无所获。
肉眼所及，
如若茫茫。
旅者，
你要去哪一座神庙？
去哪个陌生的国度？

回来吧，回来吧！
去触摸底层人民的疾苦，

为他们的伤口贴敷药膏，
成为这世间上的人，
神会露出欣慰的笑。

疯　了

一

是的，伙计，
我真的疯了，
这就是我现在的样子。

二

我看得见声音，
听得见画面，
尝得出气味，
我摸到比空气稀薄的东西，
就是那些东西，
人们不相信存在的东西，
全世界都不认得的东西。
我看石头如花，
卵石温和柔美，
被水冲得细腻。
月夜中，
天上的女巫对我大笑，
她们伸出枝叶，
柔软地舞动着，
偷偷地瞥视着，
不时地跳跃着，
悸动的她们，

就像一群失语的疯子，
像如鹧鸪鸟一样的花。
我和她们说话，
用她们对我说话的方式。
那是一种语言，伙计！
那是一种不能被书写，
也不能被说出的语言；
那是一种没法被理解，
也没法被听到的语言；
她们的言语钻入涟漪，
漂向月光下的恒河岸。
是的，伙计，
我真的疯了。
这就是我现在的样子。

三

你机智善谈，
你计算精准，
你永远正确，
但在我的算法中，
你还是漏了一个。
你用五种感官去计算，
可我有六种；
你有一个大脑，伙计！
可我有一颗心；
对你来说，
一朵玫瑰就只是玫瑰，
可对于我，

她是海伦和帕德米妮[1]。
你是一篇有力的散文，
我是一首流动的诗歌；
你冻结时，我融化了；
你透亮时，我遮蔽了；
我们都是相反的。
你的世界是固态的，
而我的则有如蒸汽；
你的世界是粗野的，
而我的则精致微妙。
对你来说，
石头就是一块石头，
僵硬的心冰冷如你。
当我尝试着去捕捉梦想，
你正紧握着冰冷的硬币；
我的热情落在一片荆棘，
你的欲求在于钻石黄金；
你说那些山又聋又哑，
而我说它们能谈善辩。
是的，伙计，
我已经迷醉了，
这就是我现在的样子。

四

我蜷缩在寒冷的十月[2]，
望着天空中第一颗星，

1 海伦和帕德米妮：两人是二十世纪五十年代印度当红女演员、女舞者。
2 十月：尼历十月，公历大概在一月十五日至二月十五日之间。

汲取着它白色的热量，
这个世界称我为漂流者。
当他们见我从烧尸台[1]回来，
茫然地凝视了七天七夜后，
他们说我已变成一只幽灵。
当我在一个女人的头发里，
看到了第一缕岁月的寒霜，
我哭了整整三天三夜：
佛祖触摸着我的灵魂，
他们却说我是在咆哮！
当我听到初春第一只布谷鸟的咕叫，
我快乐地跳起了舞，
于是他们开始叫我疯子。
在一个死寂的月夜，
我感到喘不过气来，
绝望让我跳了下来，
然后来了一群蠢货，
他们把我锁了起来。
一天，
我正和暴风雨在一起狂欢，
于是，
一群智者把我送到了兰契[2]。
一天，
我想我大概已经死了，
我伸开四肢，平躺在地上，
一个伙计走过来使劲地捏我，

1 烧尸台：指的是位于加德满都地区帕舒帕提那特寺庙（湿婆神庙）前的巴格马蒂河岸，用于焚烧印度教教徒尸体的火葬台。

2 兰契（Ranchi）：印度恰尔肯德邦的首府，德夫柯塔曾被送到这里的精神病院。

他说，
“嘿，疯子！你还没死呢！”
事情就是这样，
过了一年又一年。
我疯了，伙计！
这就是我现在的样子。

五

我把官员喝的酒叫血浆，
我称当地的娼妓为尸体，
我看国王就是一个乞丐，
我辱骂伟大的亚历山大，
不屑那些被吹捧的精神。
而对那些所谓卑贱的人，
我将他们举过荣耀之桥，
送他们到第七层的天堂，
你所说的最伟大的学者，
在我心中是最大的愚昧，
你的天堂就是我的地狱，
你的黄金就是我的烙铁，
伙计，
你的正义就是我的罪孽。
当你觉得自己很聪明，
我觉得你就是个傻子。
伙计，
你的进步就是我的没落，
我们的价值就是相反的。
伙计，
你认为的整个世界，

我看就是一根毛发。
是的，伙计，
我混乱了，
我疯了，
这就是我现在的样子。

六

我把盲者当成世界的向导，
在洞穴里苦行的隐士，
无异于落魄的逃兵。
走在谎言舞台上的人，
无异于黑暗的小丑。
在失败中我看到了成功，
从进步中我看到了倒退。
我要么是斜视，
要么就是疯了。
是的，伙计，
我应该是疯了！

七

看那无耻领袖的喉舌，
无异于娼妓们的舞动，
看他们摧毁着人民的脊梁，
看他们印刷着黑色的谎言，
企图以此挑战真理和我内心的英雄。
那时我的脸红了，
伙计！
红得像炽热的煤块。

当无声的人们喝下黑色的毒药，
从他们的耳朵灌入黑色的毒汁，
却告诉我那是长生的甘露，
我的每根毛发都竖了起来，
就像蛇发女怪[1]的头发一样。
当我看到老虎垂涎着麋鹿，
达吉希[2]的恐怖力量到来了，
它进入我糜烂的骨头，
并要尝试着开口说话。
伙计！
就像风暴带着闪电从天而降，
当人觉得它的同类不是人，
我的牙齿开始嘎吱作响，
血色的瞳孔逐渐放大，
从中蹿出了一条火鞭，
开始扫荡这非人的人界。
我的内脏从火焰中跳了出来，
全是骚动，满是暴乱，
我的呼吸变成了飓风，
我的脸变得狰狞破碎，
我的脑子在灼烧。
伙计！
那火就像海底炽热的火焰，
是的，海底的火焰！

---

1 蛇发女怪：希腊神话中的一种神秘生物，头发是由毒蛇做成的，还有一张可怕的脸，可以把看到她的人都变成石头。

2 达吉希（Dadhichi）：印度教的核心人物，主要以奉献自己的生命而闻名。在众神被蛇王（Vritra）从天界驱逐之后，天神们需要一个更强大的武器来帮助他们战斗。于是，达吉希牺牲自己，仙人从他的骨头中制造出一种叫作“金刚”的武器。借助金刚，天神击败了阿修罗，夺回了天界。

我疯狂得就像吞噬森林的烈火，
我是疯子，
伙计！
我要吞掉这个蛮荒的世界，
我是一只美丽的鹧鸪，
是丑陋的毁灭者，
兼顾温柔与残忍。
我是那只窃取天堂之火的鸟，
是暴风雨的孩子，
被疯狂的火山甩出，
是恐怖灵魂的转世。
是的，伙计！
我的脑袋一直在旋转，
这就是我现在的样子。

马丹准备前往西藏[1]

穆娜：
不要抛下我，我的爱人，
你如同我的生命，
现在我倍感孤独，
内心的森林里，
无法熄灭燃烧着的别离，
无法熄灭燃烧着的别离。

我眼中的星辰，
我的爱人，
你逐渐消失了踪迹。
能说什么呢？
我什么都说不出口，
就像喝了毒药一般。
我的爱人啊，
就像喝了毒药一般。

内心的话堵在了嗓子眼，
说不出口，
我的心急速地跳动，
锯开我的胸口，
寻找心的声音，
你若看到，
或许会回心转意。

---

1 节选自长诗《穆娜与马丹》。

眼泪落下，
却无法言说破碎的心。
心话住在心里面，
胸膛却无法打开。
我的爱人，
泪水无法言说。

马丹：
我的穆娜，
月中的花儿。
别那样说，
我会很快回来，
难道你忘记了吗？
我将在拉萨停留二十余日，
也将在路上行走二十余日。

渎凫[1]会飞回来，
在一个清晨，
我的爱人，
那便是我们相见的日子。

要么前行，
要么去死，
这便是男人的信念。
不要这样，
我的爱人，
泪水是我前行路上的羁绊。

---

1 渎凫：又名黄凫、赤麻鸭。这种鸟的雄性和雌性之间会形成固定的配对关系，人们认为它们终生相伴，是忠贞于婚姻的象征。

微笑吧，
露出你那石榴子一般整齐的牙齿，
你的笑脸将给予我巨大的力量，
大到可以挑战天神因陀罗。
我的爱人啊，
笑着说再见吧。

穆娜：
你是我的罗摩，
我的克里希纳[1]，
想想那深邃的森林，
还有那险峻的山坡，
那是藏人居住的地方，
那里野兽横生，
神牛也逃不出去。

怎样才能让太阳照亮黑夜，
怎样才能让笑脸填补别离，
如果你一定要走，
请带上我，
我的爱人，
让我与你同行，
让我侍奉你前行。

---

1 克里希纳被认为是毗湿奴神的第八个化身，他是慈悲、温柔、仁爱的神，是印度众神中最受欢迎和尊敬的神之一。印度教女子有将自己的丈夫想象成神明的传统。

马丹：
不要那样说，
请理解我的心，
亲爱的穆娜，
前路蛮荒险恶，
我如何带你同行？
我的女神，
请不要尝试冒险，
照顾好家中的母亲，
她已走过了六十载冬日，
请你好心侍奉，
不要将她抛弃，
让她看到你月亮般的面庞。

穆娜：
母亲头上的白霜和虚弱的身子，
都不能阻止你前行的步伐吗？
这是爱的表现吗？
我的爱人，
这是你对母亲的爱吗？
一个商人踏入蛮荒的他乡，
历经磨难，
可又能得到什么呢？
你要把她留下，
独身去拉萨吗？
成袋的黄金如同手里的泥土，
这些财富能带来什么呢？
青菜和荨麻更能让人安心，
我的爱人，
心安才是富足！

马丹：

亲爱的穆娜，
你的话触动了我的心，
但现在又能怎样呢？
生活依赖着那可怜的金子，
我想每天以牛奶侍奉母亲，
满足她的愿望，
去修建一个公共塔拉[1]，
为疲惫的旅者建一个佐塔里[2]；
我还想用黄金装饰你的手腕，
加固我们的房子，
偿清我们的负债。
这样的希望在心中燃起，
在身上覆灭。
现在我要起身离开，
带着渴望，
伴着神灵的庇护，
我会克服一切困难。
如若不幸降临，
我在途中离开，
我的爱人，
那么请在天堂中寻觅，
因为我们会再次相见。

---

1 塔拉：指水龙头，尼泊尔山区居民的生活用水往往依赖公共水龙头，而为自己的乡村修建公共水龙头（公共取水处）则被认为是造福后代且积德积福的大事情。

2 佐塔里：指的是山上的公共休息平台，一般会选择建在可以乘凉的大树下。与修建公共水龙头一样，修建佐塔里也是一件服务他人、造福后代的事情。一般来说，佐塔里会以建造者的名字来命名，意味着流芳百世。

穆娜：
我的克里希纳，
不要用这些话尝试解开我悲伤的心结，
让我在心底留下一幅画，
里面有你离开时的样子，
不要回身，
也不要掩饰泪水。
拉萨的女孩们，
有着媚态的双眼，
脸上开满了玫瑰，
更有着夜莺般的歌喉。
她们的身上镶嵌着黄金。
她们尽情地舞动与嬉闹！
遍及山丘与草地。
如若将我忘记，
我担心这些泪水会萦绕在你心间。
既然无法挽留，
那就走吧！
把家和这个城市留给黑暗。
在你面前，
哭泣无力，
泪水苍白！
对你的思念会像闪电一样刺破黑暗，
一波泪水可以冷却眼睑里的悲伤，
笼中煎熬的鸟儿正在无声地哭泣，
她会啄开栅栏飞向迷途吗？
亲爱的，
我的生活无时不在燃烧，
从灰烬中重生，

思念的泪水不曾停过。
载着水珠的低空的云渐隐而去，
因缺少云朵给予的影子，
花儿上的露珠已经干涸，
茎根已经枯萎，
她在无声中凋谢。
谁会在那里聆听她的诉说，
我的爱人，
谁会在那里聆听花儿的开放？
我的心已窒息，
但我还是要说：“走吧！”
那只鸟儿会在哽咽中死去，
在向西飞走的那天，
身后留下了一片金黄色的田地。
莲花的心已然枯萎。
黄蜂渴望陷于此地，
豁开的黑暗将其包围。
我的躯体在寒冷中颤抖，
我的爱人，
疑虑让我心寒意冷。

马丹：
男人的战场就是这个世界，
追求胜利就是他的本质。
没有利刃就不算刀剑，
没有勇猛就不算男人。
我的爱人，
战斗创造光明，
英勇点亮油灯。
我走得越远，

越能感受到你的气息，
你的温暖，
我的爱人！
为何四个月的分离让你如此害怕？
我的爱人！
对彼此怀着强烈的渴望，
可以让我们蔑视所有的距离，
可以让我们的心紧紧相连。
你是我生命中的火把，
照亮我前方的道路，
永不熄灭，永不遗弃！
对你的爱让我无惧距离。
你心中的鸟儿扑着翅膀，
回旋在喜马拉雅山间，
她的翅膀不会将你心中的爱火扑灭，
我的爱人，
那翅膀不会扑灭心中的爱火！
让我为你擦干眼泪，
那些不停滑落的泪珠。
有什么高山、沟壑、大海，
能将两个相爱的人分开？
无论是生是死，
唯有一事不朽：
那就是两颗心之间纯粹的爱。
那是可以穿越时间与空间的，
连接两个灵魂之间的线。
这是神明的祝福！
保重，我的月光女神！
黑云只是短暂的，
洗去这层黑色的眼影，

天空将会重现光亮。
那飞越高山的鸟儿不会忘记它的巢穴。
就如同翱翔在高空中的风筝，
日落黄昏时，
我的爱人，
难道它没有被爱召唤回来吗？
难道它没有被拉回来吗？
不要担心，神明在上，
请保重自己，我的爱人！
黑暗不会长久，
归期不会遥远。

农夫的渴望

小小的耕田，
窄窄的菜园，
精致的庭院，
若无耕作，便无可食，
日出而作，日落而息。

清晨，
阳光洒落山腰间，
伴着三月的歌声，
肩上扛起耕犁，
手中握着长柄，
生活便在这山间起伏。

将稻谷撒在泥土中吧，
然后一起来挖沟，放水，除草……
缠着红色腰布的姑娘，
如何穿过满是泥浆的沟垄？
她的脸颊挂着晶透的珍珠，
她似乎忘却了烈日、风雨与饥渴。
夜晚，
清风伴着月光拂过稻田，
留下一片泛光的涟漪。

金黄色的稻谷摇摆着倒向大地，
饱满的茎秆何时才能挺起身躯。

雪山笑着露出波浪般的皓齿。
成为一名农夫，
这便是我的渴望。

巴拉克里希纳·萨玛
（一九〇三年至一九八一年）

萨玛是二十世纪尼泊尔文学界最重要的三位作家之一。鲍德尔的诗歌追求古典与传统；德夫柯塔的作品热情洋溢，充满了艺术感；而萨玛是一个具有丰富的世界文学学识的知识分子，这也为他的作品带来了朴素和折中主义。

萨玛的原名是巴拉克里希纳·苏姆谢尔·江·巴哈杜尔·拉纳，是将军萨马尔·苏姆谢尔·江·巴哈杜尔·拉纳的儿子。作为当时统治家族的一员，他享有许多特权，并接受了当时尼泊尔最好的教育。一九二三年，他成为一名高级军官，但从一九三三年起，他开始全身心地投入文学事业，并被任命为尼泊尔语出版委员会的主席。一九四八年，他将自己的名字改为萨玛，以此抗议他所看到的拉纳统治者对普通尼泊尔人民犯下的暴行。萨玛这个名字是“平等”的意思，他希望全世界把他视为与他的同胞具有同样地位的人。

萨玛在八岁之前就开始写韵律诗，德夫柯塔的父亲曾是他的家庭教师。他对神圣的文学有着强烈的敬畏感，曾说：“我从未想过《罗摩衍那》是人类的作品，当我看到我姐姐在那本书前鞠躬的时候，我还以为那是某位神灵创造的呢！”在学校里，他接触到了威廉·华兹华斯等英国诗人的诗歌，并系统学习了世界文学。

萨玛被公认为是尼泊尔最伟大的剧作家，他的前半生主要致力于戏剧创作，被称为是尼泊尔的“莎士比亚”。诗歌是萨玛文学造诣的另一体现，他的诗歌吸收了东西方文学的精华，为当时的尼泊尔文学增添了新的色彩。为表彰他对尼泊尔文学的巨大贡献，他于一九六八年被选为尼泊尔皇家学院副校长，一九七二年被授予“特里布万国王奖”。

人就是神

爱花的人，
有一颗温柔的心，
护花的人，
有一颗高尚的心。
喜欢鸟儿的人，
有着温和的灵魂，
不食其血肉的人，
有着神圣的情感。
爱家的人，
有着最崇高的愿望，
爱全人类的人，
有着最伟大的精神。
生活简朴的人，
有着最纯洁的思想，
享受生活的人，
拥有最伟大的灵魂。
把人看作是人的人，
他就是最好的人，
把人看作是神的人，
他就是神。

当我想要一个有形的梦时

当我想要一个有形的梦时，
我就去写诗，
当我想要一个梦幻的形时，
我就去作画；
当我想要你对我说话时，
我就去写诗，
当我想要你和我一起微笑时，
我就去作画；
当我想为你而哭泣时，
我就去写诗，
当我想让你为我哭泣时，
我就去作画；
当我想触摸你的心时，
我就去写诗，
当我想要去见你时，
我就去作画；
当我想为生而死时，
我就去写诗，
当我想为死而生时，
我就去作画。
所以，
诗与画形影相随，
就像月亮和月光；
诗的灵魂是画，
画的灵魂是诗，

所以，亲爱的，
我的眼就是你的画，
我的心就是你的诗。

无处不在的诗

一位圣人，
拿起一个巨大的篮子，
跑到丛林中采集诗歌。
他穿过了山丘与溪流，
他踏遍了牧场和田野，
他搜寻了每一条瀑布，
他探进了每一丛灌木，
但他却什么也没找到，
他想着，
这大概不是诗的季节，
他选择了茫然地离开。
路上，
他遇到了一个审美家，
这个人告诉他：
“诗难道不就在这儿吗？
看，那些瀑布，
如果你用平凡的双眼去审度，
它们也将会干涸，
如同青春的流逝，
发髻也逐渐脱落，
宣告着一场被遗落的空虚；
但是，
是什么会让这些瀑布干涸，
是什么会让这座山坡光秃？
圣人，
请为你的双眼带上爱意，

你看那心脏光滑的表面，
那是发泡的血浆聚集的地方；
那里聚集了一切世间的悲痛，
它用自己有力的呼吸去回击；
把经历的波浪泼到你的头上，
为你洒下纯净的水珠，
直到湿润了你的双眼，
用怜悯使你的眼光变得敏锐，
仔细看，
你会看到一股血浆，
穿过这些岩石的脉络，
你会触碰到石头的心，
悬崖会洒下甘露，
你便可酣饮这流动的诗！”

说完，审美家便消失了，
像蜂蜡一样在阳光下融化，
圣人的双眼也变得柔和了。
树木像树脂一样融化，
野果甜得像蜜，
绿色的田野变成了湖泊，
整个世界像雪一样融化，
天空化为恒河，
星星化成水滴。
圣人知晓了，
他只不过是一滴眼泪；
在浩瀚的宇宙，
在每个原子的子宫里，
弥漫着可怕的毁灭之声，
他发现诗，
泉涌而至。

我 恨

我恨那嵌满星辰的纱巾，
我恨那艳美花朵的香气，
我恨那蒙着面纱的月光，
我恨你甜蜜无比的爱曲，
因为，因为，
它们在你我的唇齿之间。

西堤·查兰·什雷斯塔

（一九一二年至一九九一年）

出生于尼泊尔东部地区的奥卡尔东加县，是一位伟大的尼泊尔诗人，与德夫柯塔同属现代尼泊尔诗歌浪漫进步主义流派的创立者与推动者。他创作的诗歌中包含了大量其所处时代的呼声，正因此，人们将他称为是尼泊尔的“时代诗人”。

什雷斯塔早期的诗歌作品有着明显的浪漫主义色彩，诗歌内容多为描述自然之美与回忆之美，强调人与自然间的密切联系，呼吁对人性关怀，字里行间能够明显感受到诗人的人文主义思想情怀。《我亲爱的故乡——奥卡尔东加》这首回忆家乡之美的诗歌正是这一阶段的代表作。一九四〇年后，什雷斯塔开始创作一些具有革命、反抗基调的作品，逐渐由浪漫主义向进步主义过渡。在这段时期的作品中，他对拉纳家族专制统治下的尼泊尔社会进行了讽刺与抨击，并提出“只有通过革命社会才能进步”以及“通过革命与反抗结束专制，为社会与国家带来民主，建设繁荣尼泊尔”的时代呼声。《父亲仍未归》这首诗便鲜明地反映出了这一时期什雷斯塔的进步思想。一九四〇年至一九四五年间，什雷斯塔因为诗歌过于激进，被拉纳政权指控煽动叛乱而入狱。他的父亲在此期间去世，悲痛万分的什雷斯塔没有被允许参加父亲的葬礼。除创作诗歌外，什雷斯塔还曾担任《文艺女神》《廓尔喀日报》《呼声》《诗歌》等期刊的编辑，以及尼泊尔皇家学院与皇家常务委员会委员。

什雷斯塔毕生致力于推动尼泊尔语文学的发展，并曾获得过“特里布万国王奖”和“布里特维启明奖”。为了纪念西堤 · 查兰 · 什雷斯塔对尼泊尔语文学的贡献以及他对家乡的热爱，尼泊尔东部通往奥卡尔东加县的公路被命名为“西堤 · 查兰公路”。

我亲爱的故乡——奥卡尔东加[1]

你的青翠布满山林，
你的清凉弥漫胸怀，
你承载着这个诗人的童年，
欢笑，嬉戏，漫步林间……
我亲爱的故乡——奥卡尔东加！

当我坐上思念的小舟，
在回忆的河中游荡。
天空落下清凉的雨，
美好的回忆倾注而下。
我亲爱的故乡——奥卡尔东加！

踏入春天的花园，
寻找纯真的自我。
小鹿轻盈地跳动，
藤蔓随着风摇曳。
我亲爱的故乡——奥卡尔东加！

风中勤勉的树叶，
紧握着它的枝干。
游荡于山林处处，
寻觅曾经的足迹。
我亲爱的故乡——奥卡尔东加！

---

1 奥卡尔东加（Okhaldhunga）：尼泊尔东部地区第一省的十四个县之一，是诗人的出生地。

塔玛科西河，孙科西河[1]，
雪山，罗西河[2]，
我心中满是你的画面，
无时无刻不在映现。
我亲爱的故乡——奥卡尔东加！

命运如这风中的藤蔓，
怎样才能回到这片乐土？
不过我并不烦恼，
因为我已将你写下，
铺满心房。
我亲爱的故乡——奥卡尔东加！

1 科西河流经尼泊尔东部，向南流经查特拉（Chatra）峡谷，进入印度比哈尔邦北部，最终与恒河汇合。科西河也被称为萨普塔科西河（可译为七科西河），是因为它是由七条河流在尼泊尔中东部汇合而成。塔玛科西河（Tamakoshi）与孙科西河（Sunkoshi，也写为Sunkosi）就是其中的两条。
2 罗西河：孙科西河的支流。

父亲仍未归

雨在下，
风在吼，
时已迟，
灯已燃，
饭已熟，
母亲在呼喊，
父亲仍未归。

时代已迁，
拉纳已倒，
铁链已碎，
但自由仍未来到，
进步仍未得见，
民主仍未降临，
母亲在呼喊，
父亲仍未归。

我们用意识的弹石[1]，
与意念中的金刚杵[2]，
将黑暗的思想爆破。

---

1 弹石（Ghuyetro）：传统的冷兵器或游戏工具，由绳子、绳兜和石头三部分组成。使用时将石头放在绳兜中，一手攥住绳子的两端利用手臂力量进行旋转，在旋转速度达到一定程度时将绳子一端松开，石头便可飞射出去。

2 金刚杵（Vajra）：因陀罗神的重要武器，也是一种宗教仪式法器，象征着坚不可摧与雷电，具有不可抗拒的力量。

可拂晓仍未到来，
新时代仍未得见，
旭日也仍未东升，
母亲在呼喊，
父亲仍未归。

这就是我

我是个尼泊尔人，擅长攀登险峰。
纵使与我为敌，我也要大方施恩。
嘿，小子！
看到我手中的廓尔喀弯刀[1]了吗？
你最好给我小心点儿，
我随时准备着去畅饮敌人鲜红的血水！

去保护这个世界是我的教养，
为了人民的利益拼到最后一口气则是我的信仰。
愤怒的火焰被死亡之风吹向天空，
哪里有压迫，我就直冲过去！

雷神奏起了死亡的乐章，
叮叮……咚咚……
魔鬼从暗黑的空中露出身形。
敌人企图将我半路拦截，
但那怎么可能？
我的灵魂是永生的，你懂吗？
我从来就不知道什么叫退缩。

一排排子弹扫向我的身躯，

1 廓尔喀弯刀（Khukuri）：也称库克力弯刀，是尼泊尔的国刀，其刀锋和一般弯刀相反，刀肚较宽，刀身向前弯曲。尼泊尔的廓尔喀人将其用于战场上战斗，当获得战功后会被赐予一把刻上了自己名字的廓尔喀弯刀。在日常生活和战斗中，每个廓尔喀士兵都将其佩带腰间，它既是战斗的利器也是日常切割物品的工具。

每一处都已皮开肉绽，
希望前路铺满灼烧的沙石，
哪里有叛徒，我就直冲过去！

即便暗河中流的满是尿粪，
即便四周臭气熏天，
我仍无所畏惧，
我将游过去直击敌人的心脏，
我是个尼泊尔人，擅长征服旋风。

我大笑着跳入痛苦的深渊，
即便面对死亡，也要让所有人听到我的狂喜。
我会继续前行，对死毫无畏惧。
你要知道，死与重生本就是自然的法则。

爱与婚

像游水的鱼，
似飞翔的鸟，
如奔跑的时间，
他遇见了她。

他去和水说：
“我要抓住那条鱼。”

他去和天讲：
“我要抓住那只鸟儿。”

他来到死神面前恳求：
“我要让时间停止。”

谁也没有说不行，
然后，他们两个结婚了。

戈帕尔·普拉萨德·里马尔

（一九一八年至一九七三年）

出生于加德满都，被认为是尼泊尔的第一个“革命诗人”。里马尔是尼泊尔所有诗人中最具政治色彩的诗人，他在作品中大胆地探讨社会和政治问题，并希望引起社会的觉醒。也正因此，他入过几次狱。他是第一个完全放弃韵律的尼泊尔诗人，其《诗人之歌》于一九三五年发表在《廓尔喀日报》，被誉为尼泊尔的第一首自由诗。二十世纪四十年代至五十年代初的尼泊尔诗歌充满了对未来的希望，但为了避免监禁或审查，诗人们经常要拐弯抹角地表达自己的观点。里马尔的许多诗歌中都表达了一位母亲对她受苦的孩子们的恳求，虽然他在诗歌中没有明言，但在当时尼泊尔的环境下，里马尔的隐喻非常明确，母亲就是尼泊尔，而拉纳政府就是压迫她的人。里马尔最著名的一首诗是《母亲的梦想》，表达了他对尼泊尔即将迎来变革的坚定信念。

里马尔对尼泊尔诗歌的发展产生了重大的影响，尽管他只出版了一本诗集《母亲的梦想》，这本书在一九六二年获得了象征尼泊尔文学最高荣誉的“马丹文学奖”。

母亲的梦想

妈妈，他会来吗？
“是的，儿子，他会来的。
他将带着晨光到来；
在他的腰间，
你会看到如露水般闪亮的东西，
那是他与不公进行斗争的武器。
起初你会认为他只是个梦，
你会用你的手去摸索着他，
但他一定会来的，
他摸起来比火和雪更为真实。”

真的吗，妈妈？
“是的，在你出生的时候，
我曾希望，
在你温柔的脸颊上摸到他的影子；
在你可爱的浅笑里看到他的俊美；
在你的咿呀中听到他温柔的声音；
但那悦音没有将你变成他的笛子！
在年轻时我曾梦想着：
你就会是他！
无论如何，他会来的，
我是母亲，
代表着世间万物，
我知道他会来的，
这不是虚无的梦！

当他来的时候，
你不会这样地伏在我的膝间；
也不会像听故事一样去听真相；
你自己就能看到他，包容他，理解他。

我不会赋予你沉着，
你将独自奔赴战场，
安慰着母亲悲痛欲绝的心，与她告别；
我也不必像照顾病人一样去抚摸你的头发。

看吧！他将会像暴风雨一样到来，
你将会变成风中的叶子与他相随！
很久以前，
他曾从人间降世，
如同倾洒的月光。
可那时，
所有麻木的呆子都只是蠕动了一下。
我的儿子，
现在他要来了，你要站起来！”

他会来吗，妈妈？
就像温柔的黎明挠动鸟儿的咽喉，
我的心也因期待他的到来而颤抖。
“是的，儿子，他一定会来的，
他会带着光到来，
就像清晨的太阳，
但你其实就是他：
这是我年轻时的梦想。”

母亲的痛苦

夜犹如未知的黑暗，
暴风雨自私地吹着，
乌云傲慢地咆哮着。
他蜷缩在我的心里，
突然，
闪过一道火光！
就像闪电一样，
若他是黎明前的曙光，
那会怎样呢！
愿他带给你光明吧！
该会怎样呢！！

在一个黎明，
当太阳的第一束光刺穿黑暗，
我发现了美。
我心中燃起了一团火，
逐渐地塑起他的形状。
在我的思绪中，
梦想的春阳倾洒而至，
希望的夏洪倾泻而下，
我的脚没落在地面上。
因为我要做那团火的干柴。
我会瞬间出现，
也会突然消失，
就像这世上的闪电。

他慢慢有了形状；
日与月，
地与水，
风与天，
都守护着他的成长，
我深知我的心怦怦直跳，
与他的脉搏同步地起伏。

他出生了。
我明白了这世上的花朵为何盛开！
我对他的爱放大了十倍，
星星教我唱摇篮曲，
以此来唤醒沉睡的大地。
他长大了。

母亲的祝福像天空一样宽广，
我思绪中的那道火光，
在新月之日拨动着我心头的涟漪，
它如渐盈的月亮茁壮地成长着，
我经历的抚育他的苦，
都已沉睡在我的心底。
但他，
会如我所愿吗？

至……

哦，年轻的姑娘，可爱的姑娘，
我遇见你就像一场太阳雨。
你大概还记得：
我们像云朵一样卷在一起，
那朵云带着彩虹、阵雨和暴风，
我们如天空一样清澈。

在你的纵深与庄重中，
我那轻浮的隆起消失了。
我们哭过，也笑过，
但是今天，
我们的意识让一切变得平淡无奇；
在我们的激情中应该有这种意识，
我不应去说“我爱你”，
而是，“我要让你受孕”。

哦，年轻的姑娘，可爱的姑娘，
在丛林里也有爱，
但对于整个村庄，
对于整座小镇，
仅有爱是不够的。
我们还需要健康、公然地妊娠。
在这里我们应该生下佛陀，
在这里我们应该生下列宁，
在这里我们要看清自己。
还有比孩子的脸更好的镜子吗？

哦，年轻的姑娘，可爱的姑娘，
如果我们再见面，我会直接说：
“我要让你受孕。”
如果我们未能相遇，
我会去找别人，
一个和你一样年轻可爱的女人，
一个和你一样轻浮疲惫的女人，
一个将我的心带走的女人。
我将有力地向她喊出：
“我要让你受孕！”

你是谁?

在这儿,
我们喜欢自己的弱点,
我们得意地将其遮掩!
而你要揭开它们,你是谁?

在这儿,
我们喜欢这种错觉,
我们喜欢头晕目眩,
但我们不想那样叫它。
而你要那样叫,
还要带一堆东西来这儿,你是谁?

我们喜欢自己的失败,
我们喜欢痛苦与疏离,
而你要拉起我们,你是谁?

我们不需要完善自己,
我们也不需要去革命。
我们祈祷着:
有人会借给我们美德,
带给我们革命的幻觉。
而你却说:
“别那么做!自己振作起来!”
你是谁?

我们需要一个容器,

载满我们全部的弱点、懒惰与憎恶，
我们杀了我们的祝福者，
我们并不像他说的那样，
我们要证明我们的英勇。
那个说“不行”的人，
你是谁？

莫汉・柯伊拉腊

（一九二六年至二〇〇七年）

出生于加德满都，是尼泊尔实验主义诗歌代表诗人。他被认为是现代尼泊尔文学中最伟大、最经久不衰的诗人之一。他二十岁时创作了第一首诗歌《边走边忆》，并于一九五三年出版，此后便一直活跃在尼泊尔文坛中，他的诗歌定期刊登在《文艺女神》《彩虹》和《进步》等期刊上。

柯伊拉腊的诗歌内容与形式较为丰富，并一直追求着变化，采用新的风格，表达新的主题。评论家依索尔・巴拉拉曾评论："他可能不是第一个将新的诗歌思想引入尼泊尔文学中的人，但他为这一传统的延续做出了巨大的贡献。"柯伊拉腊认为，对新鲜事物的热爱和对旧事物的尊重是现代写作风格的要求。他早期出版的大部分作品都是用自由诗写的对社会或政治问题的评论。在中后期的作品中，因使用一些私人化的抽象符号，使得诗歌较为晦涩难懂，也因此受到过批评，但他为自己辩解道："我一直在努力提升现代诗歌的风格，为古诗注入新的韵味，只有时间才能证明我是否成功。"

柯伊拉腊于一九七四年被聘为尼泊尔皇家学院的成员，并于一九九九年成为副校长。此外，他还曾获象征着尼泊尔文学最高荣誉的"马丹文学奖"。

边走边忆

那是一片广袤的牧场，
环绕着山坳中的村庄，
那里有孩子们的乐土，
请接受我深情的一吻。

那是一块古老的巨岩，
被青苔镶嵌出条条皱纹，
岁月的留白辉映着草场，
那里我们曾欢笑与嬉闹；
它承载着我们的先辈，
在洪水与风暴中挺拔，
不时发出咆哮的回声。
那些露着白齿的下颌，
请接受我深情的一吻。

那是一条自由的溪流，
饱含韵律地流动着，
窃听着我们的爱情，
亲爱的，你是我的！
在每一个痛苦与悲伤的时刻，
总有着你端庄的微笑，
它带来了无尽的欢愉，
请接受我深情的一吻。

那是一双双花蕾般的眸子，
来自娇小贫寒的女孩儿们，

泪水将她们拖入深处，
四季在她们眼前消逝，
请接受我深情的一吻。

那是一段甜蜜的风语，
自由无虑地飘荡，
在那里，
有我温暖的呼吸与儿时的欢笑。
世界的这个角落，
是我儿时爬行的院子，
这里有冰冷的岩石，
与我死去爱人的温暖的墓葬。
不尽的阵阵寒风与白色霜冻，
不尽的冰冷、悲痛、羞愧、死亡与灾荒……
曾经给我温暖的炉台，
请接受我深情的一吻。

我的祖国

这是第一声钟响，
这是第一次呼唤，
我们的使命，
如悬崖上的兰花。
当库玛丽[1]女神赐予我们花环，
每一天都将变得神圣：
很快光就会到来，
在一个金黄色的清晨。

当太阳带着一抹朱砂，
将它点在丛山的发梢，
丛山便得到了庇佑，
它享受着春的气息，
浸在鸟儿的乐符中。
每一天都有一场婚礼：
很快光就会到来，
在一个金黄色的清晨。

穿透疲惫黑夜的光！
在夜的黯淡的模糊中，
在阿善集市[2]的小径上，

---

1 库玛丽（Kumari）：字面意思是“处女”，也被称为“童女神”“活女神”，是尼泊尔的印度教教徒和佛教徒共同崇拜的女神，被认为是塔蕾珠女神的化身，亦是加德满都谷地的保护神。库玛丽女神均选自于尼泊尔的释迦族，初潮过后便退位。

2 阿善集市（Asan market）：位于加德满都古城的一个大型集市，也是谷地居民尼瓦尔人的住宅区。

鸟儿啄起它们的食物，
此时红日破晓，
将肮脏的街道冲刷干净：
很快光就会到来，
在一个金黄色的清晨。

月亮从北海中升起，
在弯曲的山峦中膨胀，
身穿着她守寡的丧服；
灌木丛林在风中摇曳，
形影相随，翩翩起舞，
河岸波光粼粼，
整夜风平浪静：
很快光就会到来，
在一个金黄色的清晨。

在焚尸台后的巢穴，
一只猫头鹰张开翅膀，
它在哭泣，
另一只猫头鹰来到碎片中，
补上了自己的旋律：
“在什么样的土地上可以长出莲花？
从哪枝树枝上可以听到夜莺的歌声？
在哪片森林里可以看到孔雀的舞蹈？
在哪块田野上可以打开沉睡的双眼？”

黑夜扭动着身躯向我袭来，
露出一副铮亮的黑色獠牙，
张开了臂膀准备将我吞噬。
我敲了一下鼓，

宣告世界仍在冥想，
还未从恍惚中醒来，
我拾起一只萤火虫，
将它托向星辰：
“它无所顾忌，忽明忽暗，
沉浸在它自己的节奏中，
光，看，光！”
我大声喊出来，
东方已泛起红晕：
很快光就会到来，
在一个金黄色的清晨。

月亮鸟的呼唤让我焦躁不安，
我跨出一大步，
话音在远方飘荡，
河流在我们之间沉睡，
它咆哮着冲向前方，
冲洗掉喜马拉雅发丝中的朱砂。
没有人类的推搡与奔忙，
我与国家的梦想相连，
觉醒的烈士将我叫醒，
在云的笼罩下，
我的祖国变得冰冷。
太阳藏在我的枕下，
它大概在午间出现，
当阳光融化了冰雪，
温暖了山坡，
再次打开了每一扇门：
很快光就会到来，
在一个金黄色的清晨。

我爱你的女儿

一抹蔚蓝映在无染的岩石上，
你不知道我有多爱你的女儿，
当她瞥见你时，
她会闪到灌木丛中，
当你发现她时，
她会惊得一跳。
我爱你的女儿，
我爱她甜美的微笑，
如同一抹甜美的着色剂，
将身边的一切变得美好；
我爱她疲惫的身躯，
她努力地敲碎坚硬的泥块，
汗水浸润了土壤。
她来到一棵尼姆树[1]下休憩，
那里出现了第一抹青春的影子。
如同含苞待放的花儿，
我爱那个姑娘。

我带着斧头和镰刀出发，
去寻找造船的木头，
我带着锤子和凿子，
去寻找一块磨石，
我带着树枝和木桩，

1 尼姆树：又称印度楝树，印度教教徒认为此树可治病，穆斯林教徒视此树为神树。

去改变溪流的方向，
你会看到我就在旁边，
拿着一把耕犁，
雕刻出一幅画，
挖开一条水渠，
带着一丝自豪，
划过我的胡子。

嘿，男人！
第一个用耕犁开垦沙漠的人，
第一个用绿色装点犁沟的人；
倘若嫩芽枯萎，
我们将会用汗水接住它们，
倘若硬石阻碍了根茎，
我们将会用锄头铲除它们，
倘若伤口侵袭了谷物，
我们将会用亲吻治愈它们，
倘若昆虫蚕食了蓓蕾，
我们将会用火钳消灭它们；
只需要一把玉米穗儿，
我们将种出整个田野，
我们将拥抱整个世界！
我们会收获恩惠，
因为我们有着不知疲惫的灵魂，
四季也向我们垂头致敬，
我们是幸运的：
相比于被棉毛包裹的灵魂，
我们土地中的泥块更安全。

嘿，男人！

我就是他，
那个用斧头开辟自己命运的人，
那个用精工雕刻未来的人，
那个用颜料涂抹明天的人：
我们多么渴望，
强健的臂膀，
纯粹的灵魂，
大方的举止，
香甜的面包，
我们多么热诚地渴望，
能够拥有自由的土壤。

爱是罪孽吗？
我们深爱着彼此，
我们将爱播撒在土壤里，
让它在我们的心中萌芽，
让我们的孩子在这片土地上长大，
我们拂去他们身上的灰尘，亲吻着他们，
我爱你的女儿。

先　烈

一月的夜下，
凌乱的脚印刻在空荡的街道上，
一只秃鹫停在树梢，
紧锁臂膀俯视下方，
一个女鬼打开了通向地狱的门。
毗湿奴马蒂河[1]在等待着，
鼓起肿胀的胸膛，
一台昏厥的引擎，
刺破了宁静的空气，
一群胡狼打起地洞，
在拜拉瓦神殿[2]前，
一条尸体正被埋葬，
我看见他们在那儿拿着枪，
指向被绳索捆缚的烈士们，
那是来自女鬼黑暗的指令，
她摇动了大地与母亲的心。
在烈士们的眼中，
我看到了两颗迫近的子弹，
我大喊：
“住手，你们这群屠夫！
他们没有偷走你的羞愧与奴性，

1　毗湿奴马蒂河（Bisnumati）：源于加德满都北部的山区，流经加德满都西部，是印度教教徒和佛教徒的圣河。从字面意思看，毗湿奴马蒂河是印度教大神毗湿奴钟爱的河流。

2　拜拉瓦神殿（Pachali Bhairava）：加德满都谷地尼瓦尔人的神殿，象征着当地农民的保护神，传说是湿婆的恐怖像。

他们没有带走你的恶意与妒忌，
他们没有抢走你的饥饿与愤恨，
他们尝试为你的眼里注满快乐；
这样伟大的人们，
他们不该像太阳一样落山，
住手，你们这群屠夫！”

烈士们在说话，
对那些挚爱的朋友们，
那些已经忘了他们的朋友们，
烈士们在说话，
但其实他们已经死了。
我把画面变得清晰一些，
我用水冲刷积灰的地面，
心中堆积着痛，
让我向你展示一幅画吧，
这是一幅用红日的血液喷涂的画，
画中树叶亲吻着阳光，
眼睛亲吻着月亮，
我翻过这一页，
打开另一段历史。
流血的烈士们仍在牢笼中：
画外多了一个古老的框架，
那是大屠杀[1]留下的白骨制成的；

---

1 这里指的是一八四六年九月十四日的科特大屠杀（Kot massacre）。江·巴哈杜尔·拉纳和他的兄弟在加德满都的皇宫军械库（科特）杀害了三十至四十名尼泊尔宫廷官员，包括当时的首相和一名国王亲属。此后，国王和王后失去了权力，拉纳开始在尼泊尔建立专制制度，即在尼泊尔历史中持续一百零四年的拉纳家族独裁统治。

战马获得了一座优美的雕塑[1]，
一名勇士和一匹精锐的战马；
当他绷紧缰绳策马前驱时，
他碾碎了女人的心，
他践踏了孩子的乐土，
他抹去了发中的朱砂。

他转过身朝下看去，
手里的鞭子在空中飞舞；
他穿过河流和火焰，
用尸体与恶臭填满大地；
在那里，
我们看到一堵不断上升的高墙，
那是一片墓地，
是灰烬的柴堆，
有人正在杀戮，
有人正在死去。

1 此处指江・巴哈杜尔・拉纳骑着战马征战的雕像。

岩石间的一朵花

未受尘土与空间的烦扰，
未被温柔与严酷所侵蚀，
一朵蓓蕾在无声中绽放，
在一片无人知晓的荒地。

它娇嫩的皮肤上挂着微笑，
却被虚无偷走了；
它的美丽即将到来，
却提前消失了；
无名的手扯下了季节的喜悦：
一朵蓓蕾在无声中绽放，
在一片无人知晓的荒地。

普皮·谢尔禅

（一九三六年至一九八九年）

原名为普潘德拉曼·谢尔禅德，出生于尼泊尔木斯塘地区卡里甘达基河畔，塔卡利族[1]，是尼泊尔最受欢迎的诗人之一。在谢尔禅进入尼泊尔文学界以前，大多数有名的诗人都是来自尼泊尔中部或印度大吉岭的高种姓印度教教徒，出身于偏远地区少数民族的谢尔禅成为当时的一股清流。他的诗歌语言简单，内容丰富，面向大众群体。

谢尔禅在年少时就被送到印度的瓦拉纳西读书。一九五六年，他出版了一部《尼泊尔民歌集》，反映了他向共产主义的转变。在完成学业后，他回到了加德满都，之后因为参加了一个名为“公民抵抗运动”的地下政治团体组织而被监禁。他的早期作品没有得到很高的评价，也没有对尼泊尔诗歌产生过多的影响，直到他放弃了笔名“无产阶级者”，将自己的名字缩写为普皮·谢尔禅，开始使用这个名字在文学期刊发表诗歌。谢尔禅于一九六九年出版了一部包含

1　塔卡利族：尼泊尔的少数民族，约有一万三千人，擅长经商，主要居住于尼泊尔西北部的木斯塘地区，一般信仰苯教、佛教。

四十二首散文诗的《坐在旋椅上的盲人》合集，并被授予了当年“联合文学奖”。此后这本诗集成为尼泊尔最具影响力、最受欢迎的诗集之一，尽管他后来没有再出版新的诗集，但这本诗集已经足以让他无可争议地成为尼泊尔最重要的诗人之一。他于一九七九年被授予尼泊尔皇家学院的成员资格。

总是出现在我的梦里

总是，总是出现在我的梦里，
无数年轻的母亲来到我面前，
发疯了一样唱着这首歌：
“现在我的奶水毫无价值了，
我的母亲身份也没有任何意义了。”
她们给我看脏兮兮的仔猪，
它们正吮吸着紧绷的乳房。
忽然，
她们开始捶击胸膛，
她们开始撕扯头发，
向我乞求她们失去的儿子。

总是，总是出现在我的梦里，
无数的老翁拽着陈旧的身体，
无数的老妪拖着分裂的思想，
他们全都倒在我面前，
他们被生活踢倒，
无法被死亡救赎，
他们向我乞求不可知的未来，
乞求他们失去的独子。

总是，总是出现在我的梦里，
无数年轻的寡妇来到我面前，
她们脱光了衣服，
给我看身上黑色的水泡。
那是这世上猥亵的眼睛，

灼烧了她们雪白的身体，
留下的焦煳的痕迹。
她们乞求我给她们一些生活上的支持，
乞求我结束她们的旅程。

总是，总是出现在我的梦里，
肺病的孤儿们来到我面前，
他们乞求我给他们一些钱，
用来上学、买书，
还有板球拍和父亲的吻。
他们乞求我给予他们安全，
还有一晚甜美的睡眠。

就这样，
总是，总是在我的梦里，
出现一片巨大的海洋：
注满了马来亚[1]人的眼泪，
每一波浪潮中，
都有一条尸体浮起，
也有一条尸体下沉，
但每条尸体下沉前，
都会憎恨地盯着我。

唉，在我的梦里，
我是被我觉醒的历史憎恶的。

1 马来亚：英属马来亚，简称马来亚，是一七八五年至一九五七年的大英帝国殖民地。由于历史因素，尼泊尔人总是称呼现今的马来西亚半岛为“马来亚”，或者是“西马”。

坐在旋椅上的盲人

整天昏睡着，悔恨着，
像一根枯萎的竹子，
叹息着自己的空虚。

整天裸露着伤口，
像一只生病的鸽子，
啄着自己的胸膛。

整天轻声地哭泣，
像一片孤独的松林，
载着无法言说的忧伤。

整天远离天地浩瀚，
像一朵蘑菇，
在一个小地方把腿栽下，
用一把小伞把身子遮盖。

夜中，
尼泊尔缩小到加德满都，
加德满都缩小到新路[1]，
那条早已断裂的，
被无数的脚践踏过的新路。
各样的谣言来来去去，

1 新路：加德满都市中心的一条双车道街道以及街道周边的地区，是尼泊尔的金融中心，也是最繁忙的街道。

穿梭在报纸与茶摊间，
反复在各式的衣帽内，
报纸像下蛋的母鸡一样，
咯咯地到处叫嚷。
黑暗涌入条条人行道，
汽车的远光灯令人恐慌，
成群蜜蜂的嗡鸣声令人惊悚，
像审判日里站起的鬼魂们一样，
我站起来了。
我没有找到遗忘之河[1]，
于是我跳入酒里想要忘记，
我的过去，
我前世的生与死。

太阳总是从茶壶中升起，
然后沉在一个空酒杯里，
我居住的地球一直在转动，
我是唯一看不见周围变化的人，
唯一不知这世上的美丽和快乐的人，
就像一个展会上的盲人，
被强迫坐在一把旋椅上。

1 遗忘之河（lethe）：希腊神话中冥界的五大河流之一，流经催眠的洞穴和地下世界，喝了河水的人就会完全遗忘人间的事。

冰冷的烟灰缸

那些来到这里的人，
心中充满了火焰，
嘴唇上带着火苗；

而那些住在这里的人，
手中堆满了烟灰，
眼里填满了烟雾；

那些要离开这里的人，
腰间别着一堆堆熄灭的烟蒂，
那是他们熄灭的信仰与梦想。

这个有四条通道的谷地[1]，
就像一个冰冷的烟灰缸。

1　这里指的是加德满都谷地。

黎明的一击

每一天，
黎明悄悄地来临，
安静得像个小偷，
这让我有些紧张。

我被阳光的触摸唤醒，
我望着东方的明亮，
如每日刷白的牙齿。

很轻但穿透很深的一击，
落在我心脏的某个角落。

唉，我的生命即将结束，
每一天都有定量的消逝，
就像被挤出的牙膏一样。

拜拉瓦·阿尔亚尔

（一九三六年至一九七六年）

尼泊尔文学家，擅长写幽默且具有讽刺性的散文，这也是他大部分作品的特色。他的作品内容涉及尼泊尔社会、政治、宗教和文化等各个方面。《暴风雨中的一片叶子》是他的诗歌代表作，表达了一种疏离感和悲观情绪，这种情绪在二十世纪六十年代末和七十年代初的尼泊尔诗歌中较为常见。

暴风雨中的一片叶子

他害怕自己，
他捶打自己，
这个肺痨的人，
这个今天的人，
这个被称为人的人。
每天晚上睡觉的时候，
他把死刑令放在床下；
每天黎明到来的时候，
他裹上厚重的破头布。
是的，
我走过的每一天，
出卖我的时刻，
出卖我的日子，
就像向我妻子讨一个晚上，
一个有生命和世界的夜晚。
这是这个世界的规则：
从造物开始，
我必须每天交租，
为了买点东西，
我必须把自己卖掉。
我的日子运送着瘫痪的太阳，
在一辆古怪的救护车里，
我站在冷漠眼神的交汇处，
十分震惊：
我的日子空手而来，

没有任何礼物，
我忧郁的一天走了，
没有任何消息。

帕里加塔

（一九三七年至一九九三年）

尼泊尔小说家、诗人，原名是比什努·库玛里·外巴，帕里加塔是她的笔名，意指一种具有特殊宗教意义的茉莉花。一九三七年，帕里加塔出生在印度大吉岭的一个小山村，母亲在她很小的时候就去世了，她是由父亲抚养长大的。一九五四年，帕里加塔全家搬到加德满都定居。她在加德满都完成了文学学士及硕士的学业，但因早年体弱多病，她在二十六岁时就不幸瘫痪，随后她的父亲也患上了精神疾病。

鉴于悲剧和苦难的背景，帕里加塔的大部分作品都表现出疏离、悲观的态度。她的文学作品的主题和哲学观受到马克思主义和女权主义观点以及她自己个人经历的影响。她最著名的一首诗《生病的情人写给她士兵的一封信》中有这样一句话“爱不会死，但你必须要杀死它”，表明了她对生活感伤的态度。帕里加塔一生未婚、无子，这种情况在当时的尼泊尔社会极其罕见。

帕里加塔在尼泊尔文学界最出名的身份是小说家，她最著名的一部小说是《蓝色含羞草》，于一九六五年获得了象征尼泊尔文学最高荣誉的“马丹文学奖”，也被美国、英国等英语国家的一些大学的文学课程选用。

欺 骗

我发誓，
以天堂和大地的名义。
我宣称，
为了那些背叛人性的人，
即便在婚礼的前夕，
我也会偷偷地私奔。

剪断圆梦的根，
去为一个人戴上花环，
一个我从未见过的人。

我发誓，
以天堂和大地的名义。
我欺骗人性，
我就是这样！
若在死亡的阴影下，
一定要去欺骗某张无辜的脸，
我将用我那虚无的爱去欺骗。

若火葬的柴火不能燃尽我的痛苦，
若这世上没有相惜的灵魂，
可以平息我灼烧的心，
那么我将点燃一个孩子的渴望，
在六月的炎热中焦灼，
我将欺骗人性。

若我一定要去欺骗，
我将丢下痛苦的泪水，
放入含苞待放的处女们的眼中，
即便带着最后一口气息，
我也要在离开之前，
捏住孤儿那饥饿的腹部。

我发誓，
以天堂和大地的名义。
我宣称，
为了那些背叛人性的人，
即便在婚礼的前夕，
我也会偷偷地私奔。
我欺骗人性本身。

一棵菩提树

我只是一棵菩提树，
当我想伸向远方时，
却发现被围在圈里；
在这个雄心的世界，
我只是一棵菩提树。

我曾尝试飞向高空，
延展我浓密的身躯，
可今天，
我的尝试变得支离破碎，
残留在身体的每个角落。
我只渴望拥抱一阵凉风，
可今天，
我失败了。
那是对飓风的爱。
在这个雄心的世界，
我只是一棵菩提树。

在我多彩的梦长大之前，
悲观浸透了我梦的空间，
我的目标已经背离渴望，
就在今天，
我倒在我自己的虚无中。
在这个雄心的世界，
我只是一棵菩提树。

新　年

清风驱走了三月[1]，
艳阳爬过了山顶，
我知道，
新年已经来了。

夜莺在空中回旋，
灌木露出了新芽，
我知道，
新的一天已经来了。

但是，
在我房屋的乌黑的天花板上，
工蜂们正慵懒地游荡，
朝向它们破旧的老巢。
思想将如何汇集陈旧的梦！
我想去喷涂，
那整个世界。

1　这里指的是公历三月，尼泊尔历法中的新年一般是在公历的四月上旬。

债

在欠债中生存?
是的,有人一直这样说,
你不知道吗?
我写诗不是为了每日的口粮。
你更不知道吧?
一个人是没法靠写诗为生的。
我一直在欠着债:
那是尼采杀死上帝的债,
那是克尔凯郭尔的天赋与孤独的债,
那是萨特的自我的债,
那是贝克特荒诞的债,
那是甘地善意好心的债,
那是甘地无益死亡的债。
还有其他的很多的债:
譬如商人的债,
地主的债,
吃豆汤饭[1]的债,
柴火的债。
现在,我不想偿清这些债,
但也不想再增加。

忘掉这些无益的闲谈,
胡言乱语!

---

1 豆汤饭:印度次大陆的传统菜肴,由米饭和熟扁豆汤组成,是尼泊尔人每日的正餐。

我也是从身体里生出来的，
我也是和人们走在一起的，
就像每一个倒霉的人，
就像每一个奴隶和罪人。

嘿，你这个活疯子！
我去狂喜吧！
等一下，
就一下，
我也站到边上，
让我去狂喜吧！

生病的情人写给她士兵的一封信

我生命的伴侣，
我最亲密的爱人，
我觉得我应该送你一颗心，
我觉得我应该给你写封情书，
把它系在自由信鸽的脖颈上，
重温上个世纪的爱情，
但怎样的鸟儿能够如此自由，
能够跨越今天的界线和边界？
伴着怎样的叹息，
才能让枯萎的身躯在风中休憩？

亲爱的，
我记不清你了，
你离我太远了，
你躲得太远了，
不能与你说话，
我也看不到你，
我甚至不想穿过七大洋去寻找你，
所以，
我只是遥望着你，
我独自坐在这里，
我的脑袋和身体动弹不得，
就像变成了石像的乔塔米[1]。

1 乔塔米（Gautami）：指印度神话中圣人乔达摩的妻子阿诃利耶（Ahalya），她与因陀罗神有不正当关系，乔达摩为了惩罚妻子的不忠，诅咒她变成了石头。《罗摩衍那》中讲述，后来罗摩帮助她解除了诅咒。

爱，
爱情是海市蜃楼，
爱情是一只贪婪的鹅，
爱是没有生气的真理，
爱是蛇雕[1]的渴望，
它热爱阳光，
它不愿坠落；
短暂的躯体，
无尽的欲望，
但爱是身体的结合，
我在你的怀里，
每个夜晚，
一阵欲望开始阻止死亡，
我在做梦，
在焚烧着我的美梦。

亲爱的，你来信问我，
是否在你的营地照片中微笑，
你说你不想失去我，
你说我的信像凤凰一样唤醒了你。
现在这一切都只是历史，
我不知道自己是怎么活下来的，
我等了好久，
你定会回来，
你会在灰烬中发现，
一只涅槃后未能重生的凤凰。
她带着未说出口的话，

---

1 蛇雕：一种大型猛禽，擅长捕食蛇类、蛙、蜥蜴等。

永远地沉睡了。

我的爱人，我已经死了，
你的爱和我一起燃烧在我的柴堆上。
我被埋葬了，
我已经睡了，
你必须要活下去，
迎接明天的阳光：
不要哭，
不要嘲笑冲突。
你知道我终结的力量吗？
只有部分终结被粉碎了；
你知道我死亡的力量吗？
永生留下了半死的身躯。
爱不会死，
但你必须要杀死它，
从我终结的力量开始。
这是我的信剩下的部分，
这是你的凤凰剩下的部分，
我生命的伴侣，
仅为你，
我爱的残余。

图拉西·迪瓦萨

（一九四一年至今）

现代尼泊尔的杰出作家，同时也是一位民俗学家，本名为图拉西·普拉萨德·乔希。图拉西·迪瓦萨多年来一直在加德满都的特里昌德拉学院和帕德马卡尼亚学院担任尼泊尔文学教授，著有数十本关于尼泊尔各部落的文学、民俗和文化的著作，现任尼泊尔文学院终身成员和尼泊尔民俗学会主席。他曾担任尼泊尔驻美国大使馆文化秘书，并在国外多所大学担任客座教授。二〇一三年四月，在印度国际诗歌节上，他被授予“特别杰出诗人”的称号。

文 字

文字其实是种子，
去播种它们吧！
若大地的纸张要被耕耘，
请带上一把铲子，
我会给你我的手掌和手指。
文字其实是种子，
去播种它们吧！

种子其实也是文字，
去书写它们吧！
如没有其他东西，
就用你的汗水擦拭它们吧；
路堤也是一张浮尘的白纸，
用你手中的笔去耕种吧，
我会帮你修复农耕的工具。

种子其实也是文字，
去朗读它们吧！
把脚丫浸在泥土的浓墨中，
我会唱一首耕种之歌，
在你播种它们的时候，
我会用文字串起季节的民谣；
拾起这些文字，
将它们系成一束句子，
我将会唱一首打谷之歌，
在你打谷的时候，

我会去阅读成熟和收获；
变成田边的一根木桩，
我会叫来凤凰鸟，
用绿色的牛粪涂抹着竹桶，
这就是你成熟的文字带来的收获。

文字其实是种子，
去播种它们吧！
若大地的纸张要被耕耘，
请带上一把铲子，
我会给你我的手掌和手指。
文字其实是种子，
去播撒它们吧！
种子其实是文字，
去书写它们吧！
种子其实是文字，
去朗读它们吧！

燃灯之下

燃灯之下，
有一抹含泪的黑；
深眸之中，
有一片未知的海；
闪电之中，
有一朵吸着泪的云；
活水之下，
有一片无底的峡谷，
它将一切吞噬。
噢，亲爱的人，
你拥抱着天与大地，
但你似乎并不知道，
即便在成熟的芒果里，
也满是象鼻虫，
即便在柔和的月光下，
也躺着寄生虫。
是的，
燃灯之下，
有一抹含泪的黑！

旅者见闻

行走着到了转角，
当路要拐弯的时候，
旅者便无能为力。

攀爬着到了山腰，
当路要下坡的时候，
旅者便无能为力。

下山走到了山腰，
当路要上坡的时候，
旅者便无能无力。

当行走着到了路口，
当路要拐弯的时候，
旅者便无能为力。

一个人的房子

住在蟾蜍洞里的人，
建造了一座大宫殿，
野人穿着树枝，
披着丝绒与棉花，
展现着浮华，
摇晃着整个世界！
为了从灾难中幸存，
他绞尽脑汁，
他驯服了野外的动物，
他用奢华填满了集市。

大地的儿子征服了月亮！
研究发现了分子，
又找到了原子，
剖开原子露出了中子与质子，
让质子放出光，
他将午夜翻转成了白昼。

潜入三百米以下的大海，
他拿到了一颗珍珠。
打破胸膛，
他洗劫了秘密和宝藏。
他用火箭刺穿了月亮！

但，撕碎感知的薄幕，
他抛弃不掉自负，

他不知何为人性。
他也不能理解，
为何阳光下的露珠会变成一颗珍珠。
唉！那世界的旅行者，
他已认不清自己的房子！
不过也没什么！
就这样吧！
他的门槛已被擦拭干净，
但前方的小径无人顾及，
全世界的手足之情已涌起巨浪。

海姆·哈玛拉

（一九四一年至今）

一位颇受欢迎的尼泊尔诗人，他的诗歌语言较为简单，形式较为自由，且擅长使用音乐性的语言进行创作。他的诗歌内容中常包含着对当下社会问题的讽刺。

村庄与城镇

如果城镇繁荣，
国家就会发展，
城里的人都这么说；
如果今年下雨，
村庄就会繁荣，
村里的人都这么说。

一个城里来的人，
他把车停在路上，
问道：
“今年村里的收成怎么样？”
一位农民走上前回答：
“还可以，不算太差，
但是我们劳动的汗水，
能填饱你那电猫的肚子吗？”

芭妮拉·吉里

（一九四六年至二〇二一年）

出生于印度西孟加拉邦大吉岭附近的库尔颂镇。但她很小的时候就和父母一起搬到了加德满都，因此她的大部分作品都是关于她的第二故乡，而不是出生地。二十世纪六十年代，她在尼泊尔特里布万大学接受教育，并成为该学校第一位获得博士学位的女性。

她的诗歌具有很强的感染力，语调偏于理性，采用女权主义观点，并从尼泊尔妇女的经历中提取隐喻。她擅长使用有力的话语论述、探索人类创伤的深处，承载受害者的内心声音，她的诗歌是她所生活的社会和文化的一个概要。她曾说：“诗歌是我的初恋，是我个人最强烈的愿望。如果有人想惩罚我，禁止我写作比把我送进监狱要严重得多。”

除了诗歌外，芭妮拉·吉里也创作小说并发表关于当代社会问题的尖锐的评论文章。她是为数不多的在尼泊尔国外也取得了声誉的尼泊尔女性作家，许多诗歌被翻译为印地语、乌尔都语、英语、日语等。

湖与爱

遥远……
在不知多远的地方，
有一波透明的湖水，
人们叫它玛旁雍措[1]。
在远处绵延的山脉间，
在涟漪泛起的苍穹边，
人们说，
它一直在等待着，
人们说，
它一直望着来路。
一些人来了，
倾心于她，
一些人来了，
感受着她，
一些人来了，
着迷于她。
老人们讲，
在很久以前，
没人知道有多久，
曾经，
在广阔的喜马拉雅中，
有一位举世无双的女人，
沉醉于圣湖无与伦比的美，

---

1 玛旁雍措：位于中国西藏阿里地区普兰县城东三十五公里、冈仁波齐峰之南。玛旁雍措与冈仁波齐峰被并称为“神山圣湖”，是印度教教徒心中的朝圣之地。

于是，
她将自己沉浸在圣湖中。
当她再次从湖中浮现时，
她那温婉清秀的容颜立刻变成了金子。
随即，
来了一群年轻的男人，
将她攫取，
将她撕碎，
将她占为己有。
后来人们说，
在他们当中有一位年轻俊美的男子，
倾慕于她的心，
于是，他悄悄地，
将她的金心粘到自己温暖的心上。
在满月的夜里，
圣湖上闪烁着梦幻般的波光，
那两颗心变成了两只白天鹅，
喃喃细语，
人们说，
那是爱的言语！
它们在等候，
迎亲的人群，
传统的奏乐，
宗教的仪式，
招待的盛宴，
染色的稻谷，
婚礼的领队，
然而，
最重要的是，

湖中的言语，
清澈的嗓音，
是爱。

自由之歌

寺庙，
给我自由！
让我摆脱钟鸣与海螺。

天空，
给我自由！
让我摆脱电闪与雷鸣。

树木，
给我自由！
让我摆脱错综的枝干。

棕榈，
给我自由！
让我摆脱命运的麻线。

街道，
给我自由！
让我摆脱沉重的脚步。

爱，
给我自由！
让我摆脱人性的肉欲。

江河，
给我自由！

让我摆脱湍急的水流。

声音,
给我自由!
让我摆脱多余的怀疑。

战争,
给我自由!
让我摆脱男性的荣耀。

和平,
给我自由!
让我摆脱必需的牺牲。

酒精,
给我自由!
让我摆脱荨麻的思绪。

财富,
给我自由!
让我摆脱无嗣之家的宝库。

白昼,
给我自由!
让我摆脱太阳的飞驰。

黑夜,
给我自由!
让我摆脱猫头鹰的眼。

国家，
给我自由！
让我摆脱暴君的雕塑。

世界，
给我自由！
让我摆脱边界的毒栏。

生活，
给我自由！
让我摆脱平日的匆忙。

死亡，
给我自由！
让我摆脱无尽的空虚。

我珍爱的诗歌，
给我自由！
让我摆脱毫无意义的文字。

喂！
被称为“自由”的这个词，
也给我自由！
让我摆脱你的文字和蕴意里包含的诚实与深奥。

我是什么？

听着，
这张脸！
在你中我发现了自己，
我拥抱你，
我倒在你的足下，
问你，
你一定要告诉我！
我是什么？

我是不是，
被闪电划过的疲惫的夜？
或是一束带刺的浆果林？
我是不是，
萨蒂[1]复仇的诅咒？
或是比姆·森·塔帕[2]自杀的匕首？

空间中的一个黑洞，
被自己枯竭的绿洲，
被扔到臭水沟里的尸体？
或是茫然的科特大屠杀？

1 萨蒂（sati）：一种历史习俗，主要存在于南亚地区的印度教教徒中，让寡妇坐在已故丈夫的葬礼的柴堆上，自焚献祭。

2 比姆·森·塔帕：十八世纪末十九世纪初尼泊尔著名的政治家、军事家、民族英雄，是尼泊尔历史上第一位首相，是一八〇六年至一八三七年尼泊尔的实际统治者。他对尼泊尔的近代化改革引起了英国人和国内政敌的反对，于一八三九年被国王投入监狱后自杀。

告诉我，
我是什么？
我是什么？

在我面前，
只剩下无助，
未知的悬浮，
升起与坠落，
离开与回来？

伤　口

伤口！
你用全部的力量击溃了我，
让这些带刺儿的溪流流淌，
我满是沟壑的双眼滋润了你的田野，
让痛苦的谷物在那里成熟吧！
让伤口的果实在那里成熟吧！

你我的友谊，
若亲密如初，
若一直下去，
该多么美好！

一天，
黄昏时分，
分岔路口，
我遇到了你，
在我知道要发生什么之前，
你奸污了我。
那时，那里，
见证了这种残忍的亲密。
处女的血液蔓延在路口的碎石路上，
我躺在那里，
如一具无人认领的死尸。

每时每刻，
日复一日，

白昼黑夜，
那些污点一次次地返回，
你印在了我的记忆里。

伤口！
从最初，
你的每一次刺入，
如火焰烧灼，
如荆棘撕裂，
如利刃穿破，
如月黑之夜。

但如今，
你的每一次冲击，
变得如同抚摸。
而我则变成了，
承载火焰的熔炉，
养育荆棘的灌木，
存放匕首的护鞘，
致命毒蛇的尖牙，
吞没圆月的黑夜。
像一只马戏团中被驯服的雌虎，
在耍蛇人的曲调中安静的母蛇。

伤口，
你让我变得如此之快。
现在，
你和我之间的关系，
变成了指甲与甲床，
变成了财奴与金钱，

变成了小径与足迹。
来践踏我吧！
带上你全部的强盗和窃贼。
但是有件事你要知道，
你终会疲倦，
而我永不会。
让我对生活的种种期望，
结束在你的狂风暴雨中，
一并毁灭！

伤口！
捶打我吧！
让我窒息吧！
用你浓厚的火焰舔舐我吧！
但是，
你的力量被我改变了，
而我却不再弱小。
在你贮藏那些凶器的地方，
我深潜其中，
被四处窜射来的子弹擦伤，
火焰上燃烧着火焰，
无处不在焚烧。

但是，
有件事你要知道，
伤口！
竖起你的耳朵，
听着！
你的仓库终将殆尽，

而我不会，
你的仓库终将殆尽，
而我不会。

本楚·夏尔玛

（一九四七年至今）

尼泊尔著名剧作家比姆·尼提·迪瓦里的长女，拥有尼泊尔文学硕士学位和尼泊尔历史学博士学位。她目前是尼泊尔文学院诗歌部的学者，也是该院文学杂志《诗歌》的编辑。

夏尔玛的大部分诗歌都表达了对社会严肃的批评，她的诗歌描绘了当今尼泊尔社会中存在的反常、道德堕落、冷酷、残忍、人性价值缺失等社会现象。她曾说：“我写作是为了保护和捍卫人类的价值观、和平与自由，以及激发爱。当我看到人权被侵犯，爱与价值观被践踏的时候，我就会写作。我的诗歌渴望一个不被任何形式统治的社会，拥有民主权利和理想的人类价值。”

当我看到你的时候

当我看到你的时候，
我是这样的感觉：
冰封的记忆开始流动，
空中的积云开始消散，
未开的花蕾开始落地，
湖中的眼睛开始闪烁，
零碎的心底开始颤动。

当我看到你的时候，
我是这样的感觉：
古墓的尸体开始苏醒，
游荡的灵魂四处搜寻，
死去的身子，
死去的内心，
死去的灵魂，
未满的心愿，
未满的渴望，
慢慢地，
变成了一只鬼，
向我走来，
等待着我的尖叫。

当我看到你的时候，
我是这样的感觉：
一阵热浪，
一股忧伤，

一种悔悟，
从眼中开始涌出，
从山顶开始滑落，
大地也挣开了裂隙。

当我看到你的时候，
我是这样的感觉：
破碎的历史开始新的记述，
无数个哭泣的夜晚，
触摸着记忆的神经，
在漫长的等待后，
疲惫的眼睛说：
“我希望，我没有见过你。”
“我希望，我从未见过你。”

传　统

多年以前，
在我屋子的墙上，
挂着一张破旧的照片，
它久经风霜，
昆虫和老鼠都曾留下印迹，
它模糊不清，
只有熟悉的眼才认得明白，
破旧的轮廓里，
立着一张涂抹过的照片。

这张照片，
是祖母长久供奉的，
是母亲亲手挂起的，
如今，
它滑到了我的眼里，
原来，
信仰也是有边框的，
原来，
相信也是有界限的。

现在，
我要用火红色，
将它全身涂抹，
让圣火蔓延到每一个角落，
我划起一根火柴，
放在了它的中间。
在中间安歇吧！

比奈·拉瓦尔
（一九五六年至今）

出生于尼泊尔南部比尔甘杰地区，是尼泊尔文学学会的联络人、出版委员会成员，经常在报纸及杂志上发表一些与时事相关的诗歌作品。他的诗歌篇幅较为短小，但政治寓意深刻。

诗人和领袖

有个人，
他想着国家，
然后写诗，
他选择这样地生活。

我听说，
这些时日他精神错乱了。

还有一个人，
他从不想国家，
也不写诗，
但他一直都很好。

我听说，
他拿着笔记和选票。

真相如山

真相如山，
远处看的时候，
它多么地美好，
赏心，悦目，
有时你看着它，
会很兴奋。
然而，
当你一点点走近，
当你尝试触及它，
它却变得更高了，
也更难了。

译后记

准确地把一种语言信息转变成另一种语言信息的行为可被称为翻译，而将诗歌语言进行转化的过程，与其说是一次翻译，不如说是一场重生。尤其是尼泊尔语诗歌，在韵律上的变化和诗人跳跃的思维经常会让人摸不着头脑。尼泊尔语的语法特点也为诗人适应格律提供了很大的空间。为了格律的要求，诗人们可以省略很多句子成分，也可以随机地调换词语的位置，这就造成译文很难与原文保持一致的韵律。尼泊尔语诗歌的语句一般比较简洁，一行诗歌可能只有三四个单词，但要将背后的意思传达清楚可能需要十几个汉字。明明是前一晚敲出的译文，次日一早便被自己删回空白，总觉得哪里还差一些。且每隔一段时间读一次原文，似乎又会有一些新的思路产生，这种想法的闪现会令人有些纠结。如何将作者的情感与译者的体会恰当地融入译文，则是一件比创作还要艰苦的事情。创作是从无到有，而诗歌翻译则是一个从译者与诗人共情，到向读者传递这份情感的精细化过程。尼泊尔语和汉语两种语言的文化背景差异很大，在文字转换过程中有些问题很难避免，甚至有些名词找不到合适的目的语。我不希望翻译出的诗句是读者需要通过阅读大量背景资料和脚注才能理解的，因此在处理翻译的过程中将关注的重点放在了诗歌所传达的意思与情感，而弱化了对于一些诗文韵律的转换。

此次翻译耗时较久，其间磕磕碰碰不断，但终究还是将拙稿呈现出来。在此，衷心感谢作家出版社方叒编辑在对译稿的反复审阅过程中专业细致的修改与耐心顺畅的沟通。因个人语言水平限制，文稿中可能还存在一些翻译不完善、不妥当的地方，希望得到学者、读者们的指正。

王子豪

二〇二一年十二月于尼泊尔加德满都

总 跋

经过两年多时间的筹备与组织，“‘一带一路’沿线国家经典诗歌文库”终于陆续付梓出版，此刻的心情复杂而忐忑，既有对即将拨云见日的满满期待，更有即将面见读者的惴惴不安。

该项目于二〇一五年下半年开始酝酿，其中亦有不少波折和犹疑。接触这个项目的所有人都无一例外地认为，这是应该做而且只有北大才能做的事情，也无一例外地深知它的难度。

“一带一路”跨度大、范围广，多语言、多民族、多宗教、多文明交融，具有鲜明的文化多样性特征。整个沿线共有六十余个国家，计有七十八种官方或通用语言，合并相同语言后仍有五十三种语言，分属九大语系。古丝绸之路尽管开始于政治军事，繁荣于商旅交通，但其更重要的意义在于促进了人类文明的交往。它连接了中国、印度、波斯和罗马等文明古国，跨越埃及文明、巴比伦文明、印度文明、中华文明的发祥地，是东西方文明交流互鉴的重要通道。

如何更好地展现“一带一路”沿线人民的文化特质和精神财富，诗歌无疑是最好的窗口。诗歌是文学王冠上的明珠，精敛文学之魂魄，而经典诗歌则凝聚着各个国家民族的文化精神和文化理想，深刻反映沿线国家独有的价值观和对世界的认识。长期以来，中国学界和出版界一直比较重视欧美发达国家诗歌的译介与研究，对发展中国家尤其是一些弱小国家的诗歌研究存在着严重忽略的现象。我们希望通过对“一带一路”沿线国家经典诗歌的研究，深刻地了解一个国家，理解它的人民，与之建立互信，促进国内学界对“一带一路”沿线国家文学、文化和文明的了解，弥补我国诗歌文化中的短板，并为中国诗歌走向世界提供思路和借鉴，从而带动与“一带一路”沿线国家的深层次交流，为中国的对外交往和“一带一路”倡议的实施提供人文支撑。

北京大学外国语学院组织国内外相关领域的专家学者，于二〇一六年一月，正式启动“‘一带一路’沿线国家经典诗歌文库”项目。该项目以北京大学人文学科的优良传统和北大外语学科的深厚积淀为基础，以研究和阐释“一带一路”沿线国家厚重的历史、文化内涵为己任，充分发挥本学科在文学、文化研究领域的传统优势和引领作用，积极配合和支持国家的“一带一路”倡议，为中外优秀文化的研究、互鉴和传播做出本学科应有的贡献。

北京大学外国语学院牵头组织的“‘一带一路’沿线国家经典诗歌文库”项目，旨在翻译、收集、整理和编辑“一带一路”沿线六十余个国家的诗歌经典作品，所选诗歌范围既包括经典的作家作品，也包括由作家整理的、具有广泛影响力的史诗、民间诗歌等；既包括用对象国官方语言创作的诗歌，也包括用各种民族语言创作、广泛传播的诗歌作品。每部诗集包括诗歌发展概况、诗歌译作、作者简介等三个部分。

在此基础上，形成由五十本编译诗集构成的“‘一带一路’沿线国家经典诗歌文库”第一批成果，这将弥补中国外国文学界在外国诗歌翻译与研究方面的不足，特别是对部分“一带一路”沿线国家的经典诗歌开展填补空白式的翻译与原创性研究工作具有重大意义，同时对沿线诸多历史较短的新建国家的文学史书写将具有十分重要的价值。

该项目自启动以来，先后成立了编委会和秘书组，确定项目实施方案、编译专家遴选以及编选的诗歌经典目录，并被确定为北京大学一百二十周年校庆的重要出版项目之一，得到学校、校友及社会各界的大力支持，建立起以北京大学外国语学院为核心，汇集国内外相关领域知名专家学者、翻译家的翻译、编辑团队，形成了一个具有高度共识和研究能力的学术共同体。

在这个共同体中的每个人都是幸福的，与诗为伴，以理想会友，没有功利，只有情怀。没有人问过我们为什么要做，每个人只关心怎样可以做得更好。无论是一无所有之时还是期待拿到国家出版基金支持之日，我们的翻译团队从没有过犹豫和迟疑，仿佛有没有经费支持只是我一个人需要关心的事情，而他们是信任我的。面对他们，我没有退路，唯有比他们更加勇往直前。好在我一直是被上苍眷顾和佑护的人，只要不为一己之利，就总能无往不胜。序言中，赵振江教授说了很多感谢的话，都代表我的心声，在此不再重复。我想说的是，感谢你们所有人，让我此生此世遇见你们。如果可以，我还想在此感谢我的挚爱亲人，从没有机会把“谢谢”说出口，却是你们成就了今天的我。

希望通过我们台前幕后每一个人的努力，把“‘一带一路’沿线国家经典诗歌文库”项目打造成沿线国家共同参与的地域性的文化精品工程，使“文库”成为让古老文明在当代世界文化中重新焕发光彩、发挥积极作用的纽带和桥梁。

人也许渺小，但诗与精神永恒。

宁 琦

写于二〇一八年“文库”付梓前夜

北京

图书在版编目（CIP）数据

尼泊尔诗选 / 王子豪编译 . -- 北京：作家出版社，2022.12
（“一带一路”沿线国家经典诗歌文库 . 第一辑）
ISBN 978-7-5212-1728-5

Ⅰ. ①尼… Ⅱ. ①王… Ⅲ. ①诗集 – 尼泊尔 Ⅳ. ① I355.2

中国版本图书馆 CIP 数据核字（2021）第 274737 号

尼泊尔诗选

主　　编：赵振江
副 主 编：蒋朗朗　宁　琦　张　陵　黄怒波
编 译 者：王子豪
选题策划：丹曾文化
特约编审：懿　翎
责任编辑：方　叒
装帧设计：曹全弘
出版发行：作家出版社有限公司
社　　址：北京农展馆南里 10 号　　　邮　　编：100125
电话传真：86-10-65067186（发行中心及邮购部）
　　　　　86-10-65004079（总编室）
E-mail:zuojia @ zuojia.net.cn
http://www.zuojiachubanshe.com
印　　刷：河北鹏润印刷有限公司
成品尺寸：160 × 240
字　　数：207 千
印　　张：9.75
版　　次：2022 年 12 月第 1 版
印　　次：2022 年 12 月第 1 次印刷
ISBN 978-7-5212-1728-5
定　　价：38.00 元